Valerie Brosch

Gegen die russische Staatsgewalt

UNRAST

Valerie Brosch hat Sozialwissenschaft und Osteuropastudien in Bochum und Berlin studiert. Sie beschäftigt sich seit über zehn Jahren mit der Geschichte und Gesellschaft Russlands und mit emanzipatorischen Bewegungen in verschiedenen osteuropäischen Ländern.

Valerie Brosch

Gegen die russische Staatsgewalt

Berichte von anarchistischem Widerstand
und alternativloser Solidarität

UNRAST

Bibliografische Information der Deutschen Bibliothek
Die Deutsche Bibliothek verzeichnet diese Publikation in der Deutschen Nationalbibliografie; detaillierte bibliografische Daten sind im Internet über https://www.dnb.de abrufbar.

Valerie Brosch:
Gegen die russische Staatsgewalt
Berichte von anarchistischem Widerstand und alternativloser Solidarität
1. Auflage, Oktober 2024
ISBN 978-3-89771-620-9

www.unrast-verlag.de – kontakt@unrast-verlag.de
Mitglied in der Assoziation Linker Verlage (aLiVe)

Beratung: Dmitrij Okrest
Umschlag: Luis Konwinski, Bochum
Satz: Andreas Hollender, Köln
Druck: Interpress, Budapest

Inhalt

Vorwort ... 7

VON ANFÄNGEN, BRÜCHEN UND KONTINUITÄTEN

Ursprung und Niederschlagung anarchistischer Organisierung in Russland ... 15
Anarchist*innen organisieren sich ... 15
Exkurs 1: Michail Alexandrowitsch Bakunin ... 16
Exkurs 2: Pjotr Alexejewitsch Kropotkin ... 22
Die Anarchist*innen und der Erste Weltkrieg ... 27
Die Revolutionen von 1917 und die Niederschlagung des Anarchismus in der Sowjetunion ... 29

Neuorganisierung im postsowjetischen Russland ... 36
Die Straßenkämpfe der Nullerjahre ... 42
Der Kampf um den Wald von Chimki ... 46

Nach Bolotnaja: Der Kampf gegen die Repression ... 49
Von fabrizierten Fällen und gerichtlicher Willkür ... 54
Delo Seti, oder: der Netzwerk-Fall ... 58

EIN NEUER ALTER BRUCH: RUSSLANDS ANGRIFF AUF DIE UKRAINE UND SEINE BEDEUTUNG FÜR ANARCHIST*INNEN ...

... in Russland ... 70
Essen statt Bomben ... 72
Im Partisan*innenkampf gegen den Krieg ... 77
»Sibirien wird schwarz-rot sein!« ... 80
Die Kraft der Bücher ... 82
Solidarität mit den politischen Gefangenen Sibiriens ... 85
Wenig Ressourcen und viele Probleme ... 88

... im Exil ... 92
Fundraising und Westplaining ... 92
Wenn Russland auch mit dem Exilland in Konflikt steht ... 94
Apfelwein und deutsche Politik ... 98
Feministischer Widerstand gegen den Krieg ... 100
Solidarisch mit den Partisan*innen ... 104
Leben im Exil ... 108

... an der Front ... 110
Ein Bericht von der Front ... 112
In Memoriam Dmitrij Petrow ... 117

Der Kampf von unten geht weiter ... 122

Quellenverzeichnis ... 125

Danksagung ... 143

Dieses Buch ist allen Anarchist*innen und Antifaschist*innen gewidmet, die kämpfen, die nicht mehr kämpfen können und jenen, denen für ihren Kampf um Freiheit und Gerechtigkeit die eigene Freiheit genommen wurde.

Vorwort

Anfang Juni 2024 kam es in verschiedenen Städten Russlands zu Hausdurchsuchungen und mehreren Festnahmen von Antifaschist*innen. Unter ihnen Bogdan Jakimenko, der laut Medienberichten unter dem Einsatz von Elektroschockern in Rostow am Don verhaftet wurde. Ihm werfen die russischen Strafverfolgungsbehörden vor, Gründer und Anführer einer extremistischen Vereinigung mit dem Namen »Antifa United« zu sein. Diese Organisation, so die Behörden, soll sich spätestens im Juni 2020 mit dem Ziel gegründet haben, extremistische Straftaten durchzuführen. In geschlossenen Gruppen in den Sozialen Netzwerken – wie etwa im in Russland weit verbreiteten VKontakte – sollen sie unter anderem auch Minderjährige in die Planung von ›Hassverbrechen‹ gegen Vollzugsbeamt*innen einbezogen haben. Das Verfahren soll schon im April 2024 auf Grundlage der behördlichen Beobachtungen einer dieser Gruppen unter dem Namen der mutmaßlichen Vereinigung eingeleitet worden sein. Wie die russische Zeitung *Nowaja Gaseta* schreibt, werfen die Behörden der mutmaßlichen Gruppe »Antifa United« vor, sie würde die Würde von Menschen aufgrund ihrer Zugehörigkeit zu bestimmten sozialen Gruppen verletzten wollen. Die Zeitung berichtet weiter, dass die Gruppe laut den Behörden Neonazi-Symbolik verbreite und Nazis angegriffen haben soll. Ihre Mitglieder sollen »›Passanten auf der Straße verprügelt [haben], die Kleidung mit den Farben des Russischen Reiches und den Logos der Marken Thor Steinar und Mother Russia trugen‹, und ihnen dann Kleidung und Accessoires gestohlen« haben. Einige der im Juni festgenommen Antifaschist*innen waren der Strafverfolgung bereits bekannt, weil sie schon 2020 angeklagt waren, nachdem sie eigentlich selbst die Opfer eines Neonazi-Angriffs wurden. Unter ihnen war auch Jakimenko. Als er 2023 infolgedessen zu vier Jahren Zwangsarbeit verurteilt wurde, rieten ihm nach eigener Auskunft, so *Nowaja Gaseta*, die Beamt*innen, »›nicht in Konflikte mit den Rechtsextremen zu geraten‹, da sich unter ihnen Leute von den Sicherheitsdiensten befänden«.

Dies ist der bloß der jüngste Fall gerichtlicher Willkür und Brutalität gegen Antifaschist*innen in Russland. Antifaschismus, wie sich im Verlauf des Buches zeigen wird, ist in Russland eng mit Anarchismus verbunden, viele Antifaschist*innen verstehen sich auch als Anarchist*innen und andersherum. Der Fall um »Antifa United« ist kein Einzelfall. Anarchist*innen und Antifaschist*innen sind in Russland tagtäglich Gewalt und behördlicher Willkür ausgesetzt. Doch schaffen es die Nachrichten darüber nur selten in deutschsprachige Medien. Als die Berichte über den Tod des russischen Oppositionspolitikers Alexej Nawalny am 16. Februar 2024 nach Deutschland durchgedrungen waren, gab es berechtigterweise in den hiesigen Medien einen großen Aufschrei und eine massive Empörung. Nawalnys Kampf gegen Korruption und sein Mobilisierungspotenzial waren für die russische Gesellschaft von großer politischer Bedeutung und haben vielen oppositionellen Menschen innerhalb und außerhalb Russlands Hoffnung und Kraft gegeben. Allerdings war er aufgrund seines rechtsnationalistischen Hintergrunds und verschiedener imperialistischer Aussagen kein unumstrittener Oppositionspolitiker. Dennoch, Nawalnys Schicksal und die Gewalt, die er durch den russischen Staat erfahren hatte, waren grausam. Die Tatsache, dass das Regime den durch die Vergiftung und brutalen Haftbedingungen unvermeidbar gewordenen Tod des international berühmten und anerkannten Regimekritikers in Kauf nahm, löste große Sorge um die anderen, auch weniger bekannten politischen Gefangenen aus. Doch die Opposition in Russland besteht nicht nur aus Personen wie Nawalny, dem Oligarchen und Geschäftsmann Michail Chodorkowski oder dem Schachgroßmeister Garri Kasparow. Der Widerstand gegen Putins Regime von unten ist zwar klein, aber dafür vielfältig, sowohl politisch als auch ethnisch. In Russland sehen sich heute viele politische Gefangene und Verfolgte mit einem ähnlichen Schicksal wie Nawalny konfrontiert. Doch bekommen sie für ihren Kampf und die gegen sie gerichteten Repressionen wenig Aufmerksamkeit.

Bei russischem Anarchismus denken viele an Michail Bakunin und Pjotr Kropotkin, zwei wegweisende anarchistische Persönlichkeiten, die beide aus dem russischen Zarenreich stammten. Ihre Gedanken und Ansätze prägen anarchistische Bewegungen bis heute, und zwar weltweit. Doch die Geschichte des russischen Anarchismus geht weit über diese beiden Größen hinaus. Auch wenn ihnen bisher nicht die angemessene Aufmerksamkeit zukommt, spielten Anarchist*innen in den Umbrüchen der russischen Geschichte stets eine wichtige Rolle. Von Anfang an politischer Verfolgung und Gewalt ausgesetzt, schafften sie es dennoch immer wieder, mit ihren Handlungen in die Gesellschaft hineinzuwirken. Auch das ist bis heute so. Unter Wladimir Putin hat die gezielte Verfolgung von Anarchist*innen nach den Protesten auf dem Bolotnaja-Platz 2011/2012, bei denen diese, wie wir später sehen werden, eine wichtige Rolle spielten, Fahrt aufgenommen: Mit fabrizierten Gerichtsverfahren, dystopischen Strafmaßen und brutaler Folter versucht das Regime, die Anarchist*innen zu brechen. Anarchismus fußt auf den Prinzipien der gegenseitigen Hilfe und Solidarität, der Horizontalität und Dezentralität sowie der Herrschafts-, Macht- und Hierarchielosigkeit. Mit ihren Gesellschafts- und Lebensentwürfen stehen Anarchist*innen also gegen alles, was den russischen Staat unter Putin ausmacht. Dass sie dafür mit besonderer Härte vom Staat verfolgt werden, verwundert dementsprechend nicht. Doch soll dieses Buch nicht nur von den Repressionen erzählen, die Anarchist*innen erfahren haben, sondern vor allem von ihrem Widerstand und ihren Akten der Solidarität. Trotz oder gerade wegen der Brutalität, die sie im Laufe der Geschichte bis heute erleben, schaffen sie es, ihren Überzeugungen treu zu bleiben und nach ihnen zu handeln. In Russland sprechen heute viele Anarchist*innen selbst nicht von einer Bewegung. Es handelt sich eher um einzelne Projekte und Gemeinschaften, die ihr Bestes geben, um zu überleben. Untereinander sind sie kaum vernetzt und die staatliche Kontrolle erschwert die Kommunikation noch weiter. Politische Verfolgung und die Gefahr von Folter und Haft sorgt bei vielen für Angst und Apathie, weswegen nicht alle Anarchist*innen organisiert sind. Zudem sahen sich einige Anarchist*innen gezwungen, das Land zu verlassen. Die einen, um vor Repressionen zu fliehen, und andere um ihren Berufen nachgehen oder ihre Träume verfolgen zu können. Auch wenn viele Anarchist*innen im Ausland versuchen, ihre politische Arbeit fortzusetzen und ihre Genoss*innen in Russland zu unterstützen, sorgt die Emigration für eine Verstärkung der Fragmentierung.

Das erste Mal habe ich von Anarchist*innen im heutigen Russland 2020 durch einen Artikel auf dem Online-Portal *Dekoder* erfahren, in dem über den sogenannten »Netzwerk-Fall« berichtet wurde. In dem Artikel ging es um das fabrizierte Gerichtsverfahren gegen mehrere Anarchist*innen in Russland, um Folter und Haftstrafen von bis zu 18 Jahre. Seit vielen Jahren beschäftige ich mich bereits mit Russland, russischer Geschichte, Kultur und Politik. Aber dieser Artikel bot mir Zugang zu einer Szene, mit der ich zuvor noch nicht in Kontakt gekommen war. Nach dem offiziellen Beginn des brutalen Angriffskriegs Russlands gegen die Ukraine berichteten vor allem englischsprachige Medien über Brandanschläge auf Rekrutierungsbüros und Sabotageakte an Schienen, auf denen kriegsrelevantes Material transportiert wurde. Auch eine anarchistische Gruppe, die *Kampforganisation der Anarcho-Kommunist*innen* (Bojewaja Organisazija Anarcho-Kommunistow, BOAK), bekannte sich zu manchen dieser Angriffe. Diese Aktionen und der gleichzeitige Versuch Putins, den Begriff des Antifaschismus für sich zu beanspruchen, waren die Initialzündung für meine weitere Forschung, die sich nun mit der anarchistischen Bewegung in Russland beschäftigen sollte. Während meiner Recherche stellte ich überrascht fest, wie wenig Forschung, sowohl auf Deutsch als auch Englisch, es zu diesem Thema bisher gibt. Wenn über Anarchist*innen geforscht wurde, waren entweder Kropotkin und Bakunin oder andere historische Persönlichkeiten Gegenstand des Interesses. In der Beschäftigung mit der neueren Geschichte Russlands hingegen bleiben sie eher eine Randnotiz.

Mit diesem Buch hoffe ich, diese Lücke etwas füllen zu können und den deutschen (vor allem innerlinken) Diskurs über den russischen Krieg gegen die Ukraine um wichtige Perspektiven zu erweitern. Von den Interviews, die ich für meine Forschung und dieses Buch führte, sind nicht alle als explizit persönliche Geschichten eingeflossen. Alle Interviews wurden in oder von Deutschland aus geführt. Mir ist wichtig zu betonen, dass ich zwar einige Male Russland besuchen konnte, dort jedoch nie für eine längere Zeit gelebt oder mich in der anarchistischen Szene vor Ort bewegt habe. Für meine Recherche griff ich also auf Interviews, Artikel, Kanäle auf dem Messengerdienst Telegram und Blogbeiträge zurück, um mir ein möglichst umfassendes Bild der Bewegung zu machen. Ich erhebe nicht den Anspruch, über die eine russische anarchistische Bewegung zu schreiben oder sie in Gänze abbilden zu wollen. Die Geschichte der Anarchist*innen in Russland ist vielfältig und komplex, genauso wie ihre Tätigkeiten, Ansichten und Verhältnisse heute. In diesem Buch biete ich Einblicke in diese Geschichte und Lebensrealitäten, die ich für wichtig erachte und die endlich die Sprachbarrieren der Bewegungen überwinden sollen. Aufgrund der volatilen Verhältnisse in Zeiten des Krieges handelt es sich dazu natürlich um eine Momentaufnahme.

Dem voraus noch eine Einordnung zu meiner Verwendung des Begriffes ›russisch‹: Wenn ich von ›russisch‹ und ›Russ*innen‹ schreibe, meine ich nicht ethnisch russisch. Russland ist ein multiethnisches Land, in dem durch Kolonisierung, Deportationen und die kulturimperialistische Praxis der Russifizierung nichtrussische Ethnien heute nach wie vor in ihrer Existenz bedroht sind. Der Rassismus gegen nichtrussische Minderheiten hat zudem seit dem tödlichen Anschlag auf die Crocus City Hall in Krasnogorsk, bei dem mindestens 144 Menschen ermordet und Hunderte weitere verletzt wurden, eine neue Eskalationsstufe erreicht. Die russische Sprache wird dem Unterschied zwischen Russland als Staatsgebiet und der Ethnie gerecht, indem sie zwischen ›russländisch‹ (rossijskij) und ›russisch‹ (russkij) unterscheidet. In diesem Buch verwende ich der Einfachheit halber das Wort russisch, meine damit aber russländisch, also bezogen auf den geographischen Raum. Wenn ich über ethnische Russ*innen schreibe, mache ich dies deutlich.

Der erste Teil behandelt in einem weit gefassten Überblick die Geschichte der anarchistischen Organisierung von ihren Anfängen bis zum offiziellen Einmarsch russischer Truppen in die Ukraine am 24. Februar 2022. Diese Geschichte kann nicht erzählt werden, ohne die politischen, wirtschaftlichen und sozialen Verhältnisse aufzuzeigen, in denen die Anarchist*innen gelebt und auf die sie auch reagiert haben. Trotz der zunehmenden repressiven Gewalt und Brutalität von allen Seiten schafften es Anarchist*innen, solidarisch zu bleiben und einander zu helfen. Die radikale Linke Russlands, deren Teil die Anarchist*innen sind, erlebte über die Zeit hinweg viele Spaltungen und Neuausrichtungen, die sich entlang der großen politischen und sozialen Umbrüche der russischen Geschichte entwickelten. Der zweite Teil erzählt von den Verhältnissen in dem letzten großen Umbruch, dem vollumfassenden Krieg Russlands gegen die Ukraine. Hier stehen die persönlichen Geschichten einzelner

Anarchist*innen und anarchistischer Gruppen im Vordergrund, die ihre Sicht der Dinge und Lebensrealitäten in Russland, im Exil und auf der ukrainischen Seite an der Front schildern.

Auch wenn dieses Buch den Widerstand russischer Anarchist*innen im Fokus hat, widersetzen sich Anarchist*innen in vielen Ländern der russischen Staatsgewalt. Hierbei darf vor allem der Kampf ukrainischer Anarchist*innen nicht unerwähnt bleiben. Sie kämpfen an der Front, organisieren humanitäre Hilfe, sorgen im Ausland für Sichtbarkeit und sind dem Horror der russischen Besatzung und des brutalen Krieges ausgesetzt. Auch in der ukrainischen Linken gibt es unterschiedliche Debatten, Perspektiven und Realitäten, die gesondert beachtet werden sollten.

Berlin, August 2024

Von Anfängen, Brüchen und Kontinuitäten

Ursprung und Niederschlagung anarchistischer Organisierung in Russland

Das Russische Zarenreich des 19. und beginnenden 20. Jahrhunderts war geprägt von einer rasanten industriellen Entwicklung, welche mit zahlreichen sozialen, wirtschaftlichen und politischen Spannungen in den kolonisierten nördlichen und südwestlichen Randgebieten des Imperiums einherging. Unter Alexander II., der von 1855 bis 1881 herrschte, kam es zu weitreichenden politischen Reformen, den sogenannten *Großen Reformen*, um dieser brenzligen Lage zu begegnen. Dem Osteuropawissenschaftler Henner Kropp zufolge sollten sie »das russische Sozial- und Wirtschaftssystem auf die neuen Herausforderungen der Industrialisierung einstellen, gleichzeitig aber die politische Ordnung weitestgehend unangetastet lassen«.

Anarchist*innen organisieren sich

Eine der Reformen war 1861 die Abschaffung der Leibeigenschaft. Die Bäuer*innen verspürten dadurch jedoch keine wirkliche Entlastung, da die Landanteile der Bäuer*innen, die ihnen nach der Abschaffung zugeteilt wurden, zu klein und mit zu großen steuerlichen Lasten belegt waren. Die meisten Haushalte konnten sich selbst nicht mehr allein durch Agrarwirtschaft weitestgehend im Rahmen der Subsistenz am Leben erhalten und waren auf zusätzliche Einnahmen durch weitere Land- und Handarbeit angewiesen. Die Lage verschlechterte sich massiv durch große Hungersnöte in den Jahren 1891 bis 1893. Weitere Missernten führten 1901 zu Plünderungen in den südlichen Provinzen. Aufgrund der schlechten Bedingungen auf dem Land wanderten viele verarmte Bäuer*innen in die Städte ab und bildeten dort als Fabrikarbeiter*innen einen großen Teil des entstehenden Proletariats. In der Stadt waren sie mit schlechten Arbeitsbedingungen, fehlenden Arbeitsrechten und ausbleibenden Löhnen konfrontiert. Eine wirtschaftliche Krise im Jahr

1899 verschärfte die Lage in der Textilindustrie, in den Häfen und Minen und auf den Ölfeldern. 1903 kam es schließlich zu bedeutenden Zusammenstößen zwischen Arbeiter*innen und der Polizei und zu großen Streiks in der Schwerindustrie in den südwestlichen Randgebieten des Zarenreichs.

Um das revolutionäre Potenzial der Bäuer*innen anzufachen, entstand bereits in den 1860er-Jahren die revolutionäre Bewegung der *Narodniki* (Volkstümler). Als sozialistische Bewegung legten die Narodniki die Grundsteine für die spätere Sozialrevolutionäre Partei. Charakteristisch war für sie der Versuch, durch den ›Gang ins Volk‹ insbesondere Bäuer*innen aufzuklären und sie im Sinne ihrer eigenen Befreiung gegen das zaristische Regime zu mobilisieren. Innerhalb der Narodniki kam es immer wieder zu Spaltungen und Flügelkämpfen, bei denen es um die Priorisierung einer Praxis der Aufklärung oder des Terrorismus ging. Eine aus diesen Spaltungen hervorgegangene Gruppe, *Narodnaja Wolja* (Volkswille), verübte mehrere fehlgeschlagene und schließlich 1881 ein erfolgreiches Attentat auf den Zaren Alexander II. Die Agitationstätigkeiten der Narodniki waren unter anderem von den Schriften des russischen Anarchisten Michail Alexandrowitsch Bakunin inspiriert. Sein Werk *Staatlichkeit und Anarchie* wurde 1873 geschrieben, gedruckt und nach Russland geschmuggelt, wo es unter den Aktivist*innen, die ›ins Volk gingen‹ viel diskutiert war. Er bleibt mit seiner ›Propaganda der Tat‹ bis heute international prägend für anarchistische und revolutionäre Bewegungen.

Exkurs 1: Michail Alexandrowitsch Bakunin

Michail Alexandrowitsch Bakunin wurde am 30. Mai 1814 in der Region Twer in eine Familie des russischen Adels hineingeboren. Seinen Dienst in der Armee, den er zunächst antrat, quittierte er schon bald und zog stattdessen nach Moskau. Dort kam er in Kontakt mit demokratischen Zirkeln und begann, sich für Philosophie zu interessieren. Anfang 1840 ging Bakunin für ein Philosophiestudium nach Deutschland, wo er Karl Marx und Friedrich Engels traf. Die Bekanntschaft mit dem französischen Anarchisten Pierre-Joseph Proudhon machte er bei einer Reise nach Paris. Zu diesem Zeitpunkt hatte Bakunin sich bereits radikalen Gedanken in Bezug auf Staat und Gesellschaft zugewandt. In den 1840er-Jahren setzte er sich für die revolutionäre Befreiung der Slaw*innen und für den polnischen Kampf um Unabhängigkeit ein, was zu einer Ausweisung aus Frankreich führte. Inmitten des deutschen Vormärzes schloss Bakunin sich 1849 dem Maiaufstand in Dresden an. Er wurde verhaftet und zu lebenslanger Haft verurteilt. Die nächsten acht Jahre verbrachte er so in der berüchtigten Peter-Paul-Festung in St. Peterburg und in der Festung Schlüsselburg. Seine Haftstrafe wurde schließlich zu einer lebenslangen Verbannung nach Sibirien umgewandelt, aus der ihm 1861 die Flucht gelang. Seine anschließende Reise führte ihn über Japan und die USA nach London. Nach Russland kehrte Bakunin nie wieder zurück.

1868 trat Michail Bakunin der *Internationalen Arbeiterassoziation* (IAA), der berühmten und viel besungenen ›Ersten Internationalen‹, bei. Zu ihrem Zerfall und der damit einhergehenden ersten großen Spaltung der organisierten Arbeiter*innenbewegung trug der Konflikt zwischen Bakunin und Karl Marx, welcher die IAA seit ihrer Gründung maßgeblich geprägt hatte, bei. Dieser Streit, wie der Historiker Wolfgang Eckhardt jedoch betont, drehte sich weniger um die Personen Marx und Bakunin selbst, als um die Frage der politischen Strategie. Konkret sei es um die Frage gegangen, ob eine sozialistische, freie Gesellschaft über einen parteipolitischen oder einen sozialrevolutionären Weg erreicht werden kann. Auf der Londoner Konferenz im September 1871 beschloss die Internationale die Gründung einer politischen Partei der Arbeiterklasse zur Erlangung politischer Macht, mit dem Ziel, schließlich alle Klassen abzuschaffen. Der Beschluss wurde von vielen antiautoritär und anarchistisch geprägten Föderationen innerhalb der Internationalen scharf kritisiert. Der Ausschluss Bakunins und des Schweizer Anarchisten James Guillaume, der auf der Konferenz in Den Haag vom 2. bis zum 7. September 1872 folgte, führte schließlich zum endgültigen Bruch. Als Reaktion organisierten die mit Bakunin und Guillaume sympathisierenden Föderationen und Genoss*innen schon am 15. und 16. September desselben Jahres einen alternativen internationalen Kongress in Saint-Imier in der Schweiz. Auf dem Kongress wurden die Entscheidungen des Den Haager Kongresses abgelehnt und für nichtig erklärt. Zudem wurde ein Pakt der Freundschaft, Solidarität und gemeinsamen Verteidigung beschlossen, um eine antiautoritäre Allianz gegen die zunehmende autoritäre Tendenz des nun von Marx' Fraktion geführten Generalrats der Internationalen zu bilden. Während sich die von Marx und einigen deutschen Fraktionen favorisierte zentralistische Generalrats-Internationale schon 1876 auflöste, konnte die antiautoritäre Fraktion ihre Arbeit noch bis zu ihrem letzten offiziellen Kongress in Verviers 1877 aufrechterhalten. Einige Anarchist*innen versuchten sogar mit aller Kraft bis Anfang der 1880er, die Idee in Form einer direkten organisatorischen Kontinuität am Leben zu erhalten. Ihr Mythos wirkt bis heute fort: 2012 und 2023 gab es anlässlich ihres 140sten und 151sten Jubiläums erneut Treffen von Tausenden Anarchist*innen in Saint-Imier im Schweizer Jura.

Mit seinen Schriften prägte Michail Bakunin international den Anarchismus als revolutionäre Bewegung. Er stellte sich klar gegen jede Form von Herrschaft, die er in Staat, Eigentum und Kirche verortete. Insbesondere im Staat sah er ein Herrschaftskonstrukt, welches für die herrschende Minderheit Bereicherung, für die Bevölkerungsmehrheit allerdings ein Gefängnis bedeuten würde. So schreibt er in »Die politische Macht und ihre Wesensäußerungen«:

> »Man muß alles, was politische Macht genannt wird, im Prinzip und in Wirklichkeit vollkommen abschaffen; denn solange eine politische Macht besteht, wird es Herrschende und Beherrschte, Herren und Sklaven, Ausbeuter und Ausgebeutete geben. Wenn die politische Macht einmal abgeschafft ist, muß man sie durch die freie Organisation der produktiven Kräfte und der wirtschaftlichen Arbeit ersetzen.«

Bakunin sah den Staat als tot und wertlos an. Er verhindere die Entwicklung der Gesellschaft, in deren revolutionären Bewegungen für Bakunin das Leben steckte. Erst durch die vollständige Zerstörung der alten Strukturen könne eine neue und gerechte Gesellschaft aufgebaut werden. Somit kommt Bakunin in dem Text »Die Reaktion in Deutschland« zu dem Schluss: »Die Lust der Zerstörung ist zugleich eine schaffende Lust!« Der Politikwissenschaftler Michael Lausberg schreibt, dass für Bakunin die Revolution das »Einswerden des Einzelnen mit dem ›Volk‹« bedeute. Durch die Revolution solle das Volk, welches für Bakunin gleichbedeutend mit der Gesellschaft ist, ein besseres Leben erlangen und auch moralisch gebessert werden. Dies könne eben nur mit der Zerstörung alles Vorherigen gelingen. Da Freiheit für Bakunin nur durch die Zusammenarbeit der Menschen gelingen kann, sei, so Lausberg, »die Idee des Individuums mit der Realität, der Gesellschaft, unvereinbar«.

Um die Revolution vorzubereiten, braucht es für Bakunin die ›Philosophie der Tat‹. Wenn den Worten keine Taten folgten, so wären »Worte nur Worte«. Für ihn steckte das revolutionäre Potenzial nicht nur in den Fabrikarbeiter*innen, sondern auch in den Bäuer*innen und den frustrierten und perspektivlosen Studierenden. In Russland galt dies in den Augen Bakunins ebenfalls für die, wie er schreibt, Räuber*innen, die sich in den Wäldern, Dörfern, Städten und in den Gefängnissen unversöhnlich mit dem Staat zeigten. Für Bakunin bestand nun die ›Propaganda der Tat‹ darin, dass junge Revolutionär*innen ins Volk gingen, um eben all jene noch politisch unbewussten aber revolutionären Menschen auf das gemeinsame Ziel, die Zerstörung des Staates durch eine soziale Revolution, einzustimmen.

Im Zuge einer zunehmenden nationalstaatlichen Konstituierung, die mit dem Ausbau staatlicher Strukturen und einer Zentralisierung der Macht einherging, verfolgte die Regierung des Russischen Reiches in der zweiten Hälfte des 19. Jahrhundert eine verstärkte Politik der Russifizierung. Laut dem Historiker Theodore Weeks ergab der erste generelle Zensus des Russischen Reichs, der 1897 stattfand, dass lediglich 43,3 % der Menschen ethnisch russisch waren. Während die Politik der Russifizierung in den verschiedenen Kolonien unterschiedlich aussah, war es jedoch im Allgemeinen das Ziel, die heterogene Gesellschaft zu vereinheitlichen. Indem die kolonisierten Peripherien wie im Westen und Südwesten des Reichs stärker an das Zentrum gebunden werden sollten, hoffte man zudem, diese vor ausländischen Kultureinflüssen und separatistischen Bestrebungen zu schützen. Bereits zuvor wurden nichtrussische Ethnien, wie Tatar*innen, Pol*innen und Moldauer*innen diskriminiert. Nun sollten sie kulturell an die russische Ethnie angepasst werden. Dies bedeutete zum Beispiel, dass Russisch als *lingua franca* in den Verwaltungen und Schulen eingeführt wurde und die Nachnamen ans Russische angepasst wurden. Die Ausbreitung des russisch-orthodoxen Glaubens war mit einer Siedlungspolitik verbunden, die alle Kolonien betraf. Für nichtrussische orthodoxe Kirchen wie in Georgien bedeutete die Verbreitung zudem den Verlust der Autokephalie, also der kirchenrechtlichen Unabhängigkeit. Die georgische Kirche wurde der russischen Orthodoxie unterstellt. Der Versuch, die Kultur nichtrussischer Ethnien mit der russischen zu ersetzen, scheiterte Historiker*innen zufolge jedoch. Denn mit der verstärkten Russifizierung ging auch ein Aufkommen politischer Bewegungen in den Peripherien einher, die mehr nationale und politische Rechte forderten. In Polen traf die Zentralisierungspolitik auf besonders großen Widerstand. Die Aufstände der polnischen Bevölkerung, wie der Januaraufstand 1863/64, wurden allerdings brutal niedergeschlagen und mit Hinrichtungen, Verhaftungen und Verbannungen bestraft.

Eine besonders zu betrachtender Aspekt ist weiterhin die Politik des Russischen Reiches hinsichtlich der jüdischen Bevölkerung. Jüdischen Menschen wurde ab 1791 ein Siedlungsgebiet, der sogenannte Ansiedlungsrayon, zugeschrieben, welches sich von der Ostsee bis zum Schwarzen Meer erstreckte und Gebiete des heutigen Estlands, Lettlands, Litauens, Polens, der Ukraine, Belarus und Moldaus umfasste. Hier mussten über fünf Millionen Jüdinnen*Juden auf engem Gebiet zusammenleben. Im Zuge der Großen Reformen Alexander II. kam es auch zu Lockerungen der restriktiven Gesetze, welche das Leben jüdischer Menschen im Russischen Reich zuvor einschränkten. Nun konnten Jüdinnen*Juden aus den höheren Schichten der Gesellschaft auf ein leichteres Leben hoffen und teilweise sogar abseits des Ansiedlungsrayons leben. Auch Vorgaben in Bezug auf Bildung und Beruf wurden gelockert. Nach der Ermordung Alexander II. im März 1881 trieb jedoch sein Nachfolger Alexander III. die Politik der Russifizierung umso härter voran und deklarierte ganze Ethnien als illoyal und feindlich. Hiervon waren besonders jüdische Menschen betroffen. Im April 1881 kam es zu den ersten Pogromen an Jüdinnen*Juden. In einer Täter-Opfer-Umkehr, so schreibt die Historikerin Anke Hilbrenner, wurde den Jüdinnen*Juden vorgeworfen, nichtjüdische Menschen auszubeuten und dadurch selbst für die Pogrome verantwortlich zu sein. Es folgten weitere Pogrome und harsche Gesetze, die unter anderem jüdische Menschen vom Land in begrenzte Räume in Städten drängten und ihren Zugang zu Bildung und Berufen einschränkte. Unter dem letzten Zaren Nikolaus II. kam es 1903 zu weiteren brutalen Pogrome in heute belarussischen, polnischen, moldauischen und ukrainischen Städten. Ihnen vorangegangen war eine durch den Staat geduldete antisemitische Hetzkampagne. Innenminister Wjatscheslaw Konstantinowitsch Plehwe erhoffte sich, die aufkommende revolutionäre Stimmung zu zerstreuen, indem er sie als »Werk jüdischer Hände« stigmatisierte.

Auch unter den Studierenden machte sich Ende des 19. Jahrhundert Frustration breit. Viele von ihnen waren arm und hatten nur Chancen auf einen niederen Posten in der Bürokratie. 1884 waren ihre Möglichkeiten zur politischen Betätigung und wissenschaftlichen Unabhängigkeit durch ein Universitätsstatut drastisch eingeschränkt worden, welches Clubs und Vereinigungen an den Universitäten auflöste, liberale Professoren verbannte und radikal in die Freiheit und Unabhängigkeit der Lehre eingriff. Auf das Statut folgten Proteste, Streiks und Blockaden an der Universität in St. Petersburg und Solidaritätsdemonstrationen an weiteren Universitäten im europäischen Teil des Reichs. Ein Generalstreik wurde mit Exmatrikulationen und Zwangsrekrutierungen Hunderter Studierender bestraft.

Die Gewalt, Alternativlosigkeit und Ungerechtigkeit, mit denen die unterschiedlichen Bevölkerungsgruppen des Russischen Reichs konfrontiert waren, war der Ausgangspunkt für die radikale politische Organisierung im vor politischen Spannungen nur so brodelnden Zarenreich. Hierbei kam es nicht selten zu Zusammenschlüssen zwischen den betroffenen Gruppen. Der Historiker und Chronist des russischen Anarchismus Paul Avrich schreibt dazu:

> »So wurden beispielsweise die Fabrikarbeiter zu Vermittlern der radikalen Ideen, die sie in den Städten aufnahmen und durchbrachen so die Isolation ihrer Heimatdörfer. In ähnlicher Weise war ein wichtiges Merkmal der Industriestreiks im Süden das häufige Auftreten von Universitätsstudenten an der Seite der Arbeiter bei Massenversammlungen, Straßendemonstrationen und Zusammenstößen mit den Behörden.«

Der Ansiedlungsrayon, und dabei vor allem das heute polnische Białystok, wurde zu einem Zentrum der radikalen Arbeiter*innenbewegung. Vorangetrieben von der jüdischen Intelligenzia und jüdischen Studierenden entstanden Zirkel zur politischen Bildung jüdischer Arbeiter*innen – und in Anbetracht der Pogrome auch zur Selbstverteidigung. Hieraus entwickelte sich eine revolutionäre Bewegung, in der Hoffnung, durch eine Revolution auch die Lebensbedingungen jüdischer Menschen verbessern zu können. Viele der Gruppen, die ab 1903 in Städten wie Białystok, Odesa, Nischyn, Jekaterinoslaw (heute Dnipro), Schytomyr, Vilnius, Warschau und Minsk entstanden, waren anarchistisch. Zeitgleich wurde in Genf die anarchistische Zeitschrift *Chleb i Wolja* (Brot und Freiheit) ins Leben gerufen, die über Polen und die Ukraine ins russische Zarenreich geschmuggelt und dort unter Studierenden und Arbeiter*innen verteilt wurde. ›Chleb i Wolja‹ ist ebenfalls der Titel der russischen Übersetzung des Buches *Die Eroberung des Brotes* des russischen anarchistischen Denkers Pjotr Kropotkin, die seine Anhänger*innen in London anfertigten. Der russische Titel des Werks wurde laut Avrich zu einem Slogan der anarchistischen Bewegung. Neben der Zeitschrift gelangten auch weitere anarchistische Texte und Inhalte als Pamphlete und Flugblätter bis in die ländlichen Grenzregionen.

Exkurs 2: Pjotr Alexejewitsch Kropotkin

Wie meine Interviews gezeigt haben und wir in der Geschichte von Sophia später beispielhaft noch einmal sehen werden, spielen die Texte von Pjotr Alexejewitsch Kropotkin auch heute noch für Anarchist*innen eine wichtige Rolle in ihrer Politisierung. Pjotr Alexejewitsch Kropotkin wurde am 9. Dezember 1842 in Moskau geboren. Seine Familie entstammte der Königsdynastie der Rurikiden und trug den Titel der Prinzen von Smolensk. Seine adlige Herkunft führte zur inoffiziellen Bezeichnung Kropotkins als ›anarchistischer Fürst‹. Als Jugendlicher trat Kropotkin dem Pagenkorps bei und wurde zum persönlichen Kammerpagen des Zaren Alexander II. ernannt. Er leistete seinen Dienst in der Armee und wurde auf eigenen Wunsch im Kosakenregiment in der Armur-Region stationiert. Hier konnte Kropotkin seiner wissenschaftlichen

Leidenschaft nachgehen. Er führte zoologische Untersuchungen durch und ging auf Forschungsreisen in das östliche Sibirien, wo er dörfliche Gemeinschaften studierte. All seine Beobachtungen und Erkenntnisse dieser Zeit wurden später relevant für die Entwicklung seiner anarchistischen Philosophie. Nachdem nach einem Gefangenenaufstand fünf der Aufständischen hingerichtet wurden, trat Kropotkin aus der Armee aus. Er ging daraufhin nach Moskau, um dort Mathematik und Geographie zu studieren. An die Stelle seiner wissenschaftlichen Arbeit traten jedoch bald seine revolutionären Tätigkeiten. Auf einer Reise durch Westeuropa, die 1872 begann, traf er auf die Genfer Sektion der IAA und die Uhrmacher*innen im Schweizer Jura. Diese Kontakte, bei denen er die hierarchiefreie und genossenschaftliche Organisierung der Uhrmacher*innen kennenlernte, prägten seine Entwicklung der Idee des anarchistischen Kommunismus. Nach St. Petersburg zurückgekehrt schloss er sich einem revolutionären Geheimbund an, der sich vor allem mit der Volksbildung und der Verbreitung von antizaristischer Propaganda beschäftigte. 1874 wurde er festgenommen und – wie schon Bakunin ein Jahrzehnt vor ihm – in der Peter-Paul-Festung ohne Gerichtsverhandlung gefangen gehalten. Aufgrund der Verschlechterung seines Gesundheitszustandes in der Festung wurde er in ein kleineres Gefängnis nahe des Militärkrankenhauses in St. Petersburg verlegt. Von dort aus konnte er 1876 über Finnland nach London fliehen. Es folgten Aufenthalte in einer Reihe westeuropäischer Städte, in denen er sich verschiedenen anarchistischen Protesten und Zeitschriften als Herausgeber und Autor anschloss. Er wurde aus der Schweiz ausgewiesen, in Frankreich vorerst festgenommen und schließlich nach öffentlichen Druck wieder freigelassen. Nach Russland konnte Kropotkin erst nach der Februarrevolution 1917 wieder zurückkehren.

Kropotkins Forschung hatte sich mit Fragen der Geologie, Geographie, Ökonomie, Politikwissenschaft, Soziologie sowie der Biologie beschäftigt und fand auch außerhalb der anarchistischen Bewegung große Beachtung. Seine Texte veröffentlichte er in russischer, französischer, englischer und deutscher Sprache. All dies macht ihn in den Augen mancher gegenwärtiger Forscher*innen zu einem Universalgenie. Pionierarbeit leistete Kropotkin zudem durch seinen nicht unumstrittenen Versuch eines wissenschaftlichen Anarchismus. Michel Lausberg erklärt: »Kropotkin betonte, keine allgemeingültige gesellschaftspolitische Utopie entwerfen zu wollen, sondern ein Konzept des menschlichen Zusammenlebens mit wissenschaftlichem Fundament. Er zielte damit darauf ab, dem marxistischen wissenschaftlichen Sozialismus einen wissenschaftlichen Anarchismus gegenüberzustellen.« Durch seine zoologischen Untersuchungen zeigte Kropotkin die Relevanz der gegenseitigen Hilfe für das Überleben von Tieren in der Natur auf. Damit erweiterte er Charles Darwins Idee vom Kampf ums Dasein, bei dem vor allem der Konkurrenzkampf und die Angepasstheit der Individuen in einer Situation mit vermeintlich knappen Ressourcen im Vordergrund steht. Kropotkin übertrug das Prinzip der gegenseitigen Hilfe auch auf das Zusammenleben von Menschen und kam zu dem Schluss, dass ein solidarisches Miteinander elementar für den gesellschaftlichen Fortschritt sei. Gegenseitige Hilfe würde viel häufiger zu Fortschritt und Wohlstand führen als Konkurrenz und Dominanz. Diese Beobachtungen prägten seine Entwicklung des anarchistischen Kommunismus. Die Idee habe zwar, so Lausberg, bereits schon vor Kropotkin existiert, doch war er es, der den anarchistischen Kommunismus als Konzept ausarbeitete. Lausberg fasst diesen treffend zusammen:

> »Der anarchistische Kommunismus ist ein politisches Konzept, demzufolge der Staat, der Kapitalismus und Hierarchien insgesamt überwunden und durch Netzwerke von freiwilligen Vereinigungen, Arbeiter*innenräten und gemeinschaftlichen Kommunen ersetzt werden sollen. Er fordert eine herrschaftsfreie, egalitäre und selbstverwaltete Gesellschaftsordnung ohne hierarchische Strukturen und Gesetze. Auch sonstige politische Organisationen wie Parteien und Gewerkschaften werden überflüssig. Die Losung ›Sowjets ohne Kommunisten!‹, die nach der russischen Oktoberrevolution und deren autoritärer Ausrichtung aufkam, steht exemplarisch für die Forderung nach einem anarchistischen Kommunismus. Die Organisationsform der anarchistischen Kommunisten ist Dezentralisierung.«

Seinem ideologischen Vorgänger Michail Bakunin widersprach Kropotkin in dessen Haltung, erst die völlige Zerstörung der bestehenden Strukturen könne zu einer erfolgreichen Revolution führen. Er argumentierte, dass bereits bestehende libertäre Organisierungen sich weiter unabhängig vom Staat machen sollten, um als freie Föderationen an die Stelle des Staates treten zu können. Die Idee des Terrorismus als politische Praxis lehnte Kropotkin zwar nicht per se ab, doch war für ihn die Verbreitung von Propagandamittel die wichtigere Vorbereitung für die Revolution.

Ab Februar 1904 führten das Japanische Kaiserreich und das Russische Zarenreich einen Krieg über den Einfluss in Korea und der Mandschurei. Die Anarchist*innen aus Białystok stellten sich getreu ihrer antimilitaristischen Haltung klar gegen diesen Krieg und riefen dazu auf, die Mobilisierung von Soldaten zu stören und die Militärindustrie zu sabotieren. Zar Nikolaus II. und seine Berater hingegen erhofften sich, mit einem Sieg die sich in der Bevölkerung breitmachende allgemeine Unzufriedenheit und revolutionäre Stimmung zu zerstreuen. Die Pläne der Regierung gingen nicht auf. Der Krieg endete im September 1905 schließlich in einer desaströsen Niederlage Russlands, die 400.000 Tote allein auf russischer Seite forderte, und verschlimmerte die ohnehin schon angespannte ökonomische Lage noch weiter. Mit dem katastrophalen Ausgang für Russland spielte der Russisch-Japanischen Krieg eine wichtige Rolle in dem sich abzeichnenden Ende des Zarenreichs. 1905 kam es schließlich zu einer Entlassungswelle im größten Rüstungsbetrieb St. Petersburgs, den Putilow-Werken. Die darauffolgenden Streiks kulminierten am 9. Januar 1905 (julianischer Kalender) im sogenannten Blutsonntag. Unter Leitung des Priesters Georgij Gapon begab sich an diesem Tag eine Prozession von um die 100.000 Arbeiter*innen und Familien zum Winterpalast in St. Petersburg, um dort in Form einer Petition bessere Arbeitsbedingungen, mehr Land für Bäuer*innen, Bürgerrechte und religiöse Freiheiten zu fordern. Als die friedliche Versammlung niedergeschossen wurde, kam es zu Hunderten Toten. Der Blutsonntag gilt als Beginn der Revolution von 1905, denn auf die brutale Niederschlagung der Demonstration folgten Streiks im ganzen Land, vor allem aber in den Regionen, in denen mehrheitlich Menschen nichtrussischer Ethnien lebten. Es kam zu Aufständen der Bäuer*innen, Plünderungen und Meutereien. Auch die Studierenden streikten an den Universitäten. In den Fabriken gründeten die Arbeiter*innenräte, welche im Laufe der Revolution zu ihrem politischen Sprachrohr wurden. Die Solidarität mit den Streikenden und die Unzufriedenheit mit dem Regime breitete sich über alle gesellschaftlichen Schichten aus, wie Lausberg beschreibt:

> »Der Klub der Kaufleute versperrte Gardeoffizier*innen den Zutritt zu seinen Räumen, weil sie an dem Massaker teilgenommen hätten. Mitglieder der Akademie der Wissenschaften sowie Professoren der Universität forderten die Übertragung der Gesetzgebungsgewalt an frei gewählte Volksvertreter und die Kontrolle der Verwaltung als Voraussetzung allgemeiner Volksbildung. Ihnen schlossen sich Wissenschaftler*innen und Lehrer*innen aus allen Teilen des Landes an. Die allgemeine Unruhe brachte die unterschwellig brodelnden Nationalitätenprobleme an die Oberfläche. Nicht nur politisch mehr oder minder organisierte Nationalitäten – Pol*innen, Lett*innen, Georgier*innen und Jüd*innen hatten ihre sozialistischen Parteien – meldeten ihre Forderungen an und entwarfen Autonomieprogramme.«

Über den Oktober hinweg streikten die Menschen im ganzen Land und brachten damit den Verkehr und die Produktion zum Erliegen. Die Streiks mündeten am Ende des Monats in einem Generalstreik. Konfrontiert mit dieser Gegenwehr sah sich Zar Nikolaus II. gezwungen, das ›Oktober-Manifest‹ zu unterschreiben, das Bürgerrechte garantieren und die Entscheidungsmacht des Parlaments, der Duma, stärken sollte. Für viele Arbeiter*innen und Bäuer*innen gingen die Zugeständnisse des Manifests aber nicht weit genug, weswegen die Streiks und Proteste noch bis Ende 1905 anhielten. Im Dezember kam es schließlich zu bewaffneten Auseinandersetzungen in größeren Städten wie Moskau, Odesa und Charkiw. Letztendlich wurde die Revolution mit brutaler Repression niedergeschlagen und die im Manifest festgeschriebenen Freiheiten bereits 1907 vom Zaren wieder zurückgenommen. Dennoch legte sie einen wichtigen Grundstein für die Revolution von 1917.

Die Revolution von 1905 führte zu einem rasanten Anstieg der Zahl anarchistischer Gruppen. Die größte anarchistische Gruppe war laut Avrich die anarcho-kommunistische Gruppe *Schwarzes Banner* (Tschjornoe

Znamia). Die Gruppe setzte sich vor allem aus Arbeiter*innen, Handwerker*innen und Studierenden zusammen, die zum größten Teil jüdisch aber auch ukrainisch, polnisch und ethnisch russisch waren. Ihre politische Praxis konzentrierte sich auf gewaltvolle Aktionen. Sie übten bewaffnete Angriffe auf Staatsbedienstete, Fabrikbesitzer und Polizisten aus und führten sogenannte Expropriationen durch, also Einbrüche in Banken, Postämter und Privathäuser. Für sie war der Terror eine Chance, das Bedürfnis der unterdrückten Klassen nach Rache zu erwecken. Doch diese Form des individuellen Terrors wurde nicht von allen Anarchist*innen gutgeheißen. So kritisierten zum Beispiel Kropotkin und seine Anhänger*innen diese scheinbar wahllosen Morde als für die anarchistische Bewegung diskreditierend. Auch die Einbrüche führten für sie nicht zu einer Abschaffung des Privateigentums als Ganzes, sondern vielmehr zu einer persönlichen Bereicherung. Die Gruppe *Schwarzes Banner* war nicht die einzige Gruppe, die solche Terrorakte durchführte. Landesweit kam es zu Ermordungen und Plünderungen.

Der Staat beantwortete diese politische Praxis mit Repression. Viele wurden verhaftet, zu Lagerhaft und schnell vollstreckten Todesurteilen verurteilt. Einige Anarchist*innen zogen es bei den Verhaftungen vor, sich eher selbst zu erschießen, als in die Fänge der Behörden zu geraten. Das Ende der Revolution führte zudem zu einer vermehrten Abkehr vom Terrorismus und bis zum Ausbruch des Ersten Weltkriegs zu einer Hinwendung zu Arbeitskämpfen. So erfuhren anarcho-syndikalistische Gruppen, die auf freie Zusammenschlüsse von freiheitlichen Gewerkschaften und die Übernahme der Wirtschaft durch einen großen Streik setzten, verstärkt Zulauf.

Die Anarchist*innen und der Erste Weltkrieg

Mitten in diese bewegte Zeit des russischen Anarchismus zwischen den Revolutionen von 1905 und 1917 fiel der Erste Weltkrieg. Auch wenn die historischen Kontexte zwischen dem Ersten Weltkrieg und dem Angriffskrieg Russlands gegen die Ukraine nicht zu vergleichen sind, so lassen sich dennoch in den Aktionen der Anarchist*innen in Russland und den Debatten über zu beziehende anarchistische Positionen Parallelen zu heute finden.

In Russland und im sibirischen Exil unterstützten Anarchist*innen im Ersten Weltkrieg Deserteure bei ihrer Flucht aus dem Land mit Geld und falschen Dokumenten. In Zentralrussland aber auch in sibirischen Städten wie in Irkutsk wurde Agitationsmaterial insbesondere unter den Arbeiter*innen, Soldat*innen und Matrosen verteilt. Laut dem Historiker Dmitrij Iwanowitsch Rubljow wurden allein in St. Petersburg 13 Flugblätter produziert und in tausendfacher Auflage gedruckt. Im Ausland lebende russische Anarchist*innen verfassten und verteilten antimilitaristische Flugblätter, die zusammen mit weiterem Agitationsmaterial und Literatur nach Russland geschmuggelt wurden.

Durch ihre Antikriegsaktionen erfuhr die anarchistische Bewegung zwischen den Jahren 1914 und 1917 noch einmal einen Aufschwung. Im ganzen Land kam es zur Gründung neuer Gruppen. Daher verwundert es nicht, dass es zu einem Bruch mit Kropotkin kam, als dieser viele Anarchist*innen durch seine befürwortende Einstellung zum Ersten Weltkrieg schockierte, die sich im berüchtigten »Manifest der Sechzehn« 1916 exemplarisch nachlesen lassen. Kropotkin fiel schon länger durch eine stark ablehnende Haltung gegenüber Deutschland und einen außerordentlich positiven Bezug auf Frankreich auf, welchen die Historiker George Woodcock und Ivan Avakumović als ›adoptierten Patriotismus‹ bezeichnen. In ihrer Kropotkin-Biographie führen sie die Positionen des berühmten Anarchisten weiter aus:

> »Deutschland war verantwortlich für den Militarismus in Europa, der zum Ersten Weltkrieg führte. Deutschland habe die freie Entfaltung der libertären Tendenz in Frankreich durch die Präsenz seiner Armeen verhindert. Deutschland sei die ›Hauptstütze und der Schutz der Reaktion‹ in Osteuropa und insbesondere in Russland gewesen. Er beschwört den berechtigten Alptraum eines von Preußen beherrschten Europas herauf, beeilt sich dann aber, das zaristische Russland mit dem Hinweis zu beschönigen, dass die Einheit im Krieg eine Rückkehr zur Autokratie unmöglich machen würde. All die alten pazifistischen und antimilitaristischen Träume waren sinnlos. Ein Generalstreik konnte den Krieg nicht beenden, und die deutsche Arbeiterklasse war genauso schlecht wie ihre Herrscher. Die Hauptarbeit des Tages bestand darin, die Invasoren aus Belgien und Frankreich zu vertreiben. Dann konnte der Angriff auf die Hauptübel des Kapitals und des Staates beginnen.«

In Russland traf diese Haltung auf Ablehnung, bedeutete doch die Verteidigung Russlands gegen Deutschland eine zumindest zweitweise Kollaboration mit dem zaristischen Regime. Als auch bekannte Personen der Bewegung, wie der italienische Anarchist Errico Malatesta, ihre Kritik äußerten, war Kropotkin durch seine Aussagen auch auf internationaler Ebene zunehmend isoliert. Die Inhalte des »Manifests der Sechzehn« erschienen bereits in Form des publizierten Briefes Kropotkins an den schwedischen Professor Gustav Steffen im Hebst 1914 in der einflussreichen, in London herausgegebenen anarchistischen Zeitschrift *Freedom*. Im Jahr darauf wurde das »Internationale anarchistische Manifest zum Krieg« in mehreren Sprachen in Umlauf gebracht, welches die sofortige Beendigung des Krieges forderte. In dem Manifest riefen bekannte Anarchist*innen wie Alexander Berkman, Emma Goldman und Malatesta Arbeiter*innen, Soldat*innen und ihre Familien dazu auf, sich dem Krieg zu widersetzen. An ihre Genoss*innen richteten sie den Appell, den Moment des Aufruhrs und der Unzufriedenheit zu nutzen, um eine Revolution zu organisieren.

Die Revolutionen von 1917 und die Niederschlagung des Anarchismus in der Sowjetunion

Die wirtschaftliche Lage verbesserte sich seit der Revolution von 1905 nicht. Die Bevölkerung im russischen Zarenreich sah sich nach wie vor mit Hunger und Armut konfrontiert und protestierte dagegen mit Plünderungen und Streiks. Am 19. Februar (julianischer Kalender) kam es in den Putilow-Werken erneut zu einem Streik, der zu einem Generalstreik anwuchs. Was folgte, war die erste Revolution des Jahres 1917, bei der das Zarenregime abgesetzt wurde und eine bürgerliche provisorische Regierung die Macht übernahm. Im Zuge dieser Februarrevolution übernahmen Arbeiter*innen die Fabriken und belebten die Räte wieder, die sie aus der Revolution 1905 in Erinnerung behalten hatten. Zudem enteigneten sie Privathäuser und Residenzen und bezogen sie mit ihren Familien. Der anarchistische Autor und Aktivist Daniel Guérin bezeichnete die Revolution als eine spontane Massenbewegung, die stark von anarchistischen Ideen geprägt war. Die Losung »Alle Macht den Räten!« hätten zuerst die Anarchist*innen ausgerufen und gelebt. Zudem waren sie an den Enteignungen der Fabriken und Privathäuser beteiligt. Die Aktivitäten der Anarchist*innen führten zu einem erneuten Wachstum der Bewegung. Inzwischen waren sie mit Gruppen in allen großen Städten des Zarenreichs vertreten. In gemeinsamer Arbeit mit den Bolschewiki erreichten sie im Oktober 1917 den Sturz der provisorischen Regierung und des bürgerlichen Staates. Trotz vieler ideologischer Widersprüche war in den Anfangsmonaten der Revolution noch eine Kooperation zwischen Anarchist*innen und Bolschewiki möglich. Dies lag nicht zuletzt daran, dass Lenin zu dieser Zeit noch eine weitestgehend libertäre Politik propagierte. So ließ er die Forderungen nach einer von Arbeiter*innen selbstverwalteten und vergesellschaften Produktion, der Abschaffung von Polizei und Militär und der aktiven Teilhabe der Räte an der Verwaltung und Führung des Staates verlautbaren. Diese libertären Tendenzen hielten jedoch nicht lange an. Schon bald wurden alle Formen der Selbstorganisierung der Arbeiter*innen unter die Kontrolle des Rats der Volkskommissare gestellt, welcher von der bolschewistischen Partei dominiert wurde und als Regierung den Staat lenkte und verwaltete. Bis 1918 wurden die Räte zu rein administrativen Organen ohne jegliche Entscheidungsmacht abgeschwächt. Lenin rechtfertigte diese Politik mit dem Bürgerkrieg, der bis 1922 andauerte, und der desolaten ökonomischen Lage. In diesen Bürgerkrieg, der infolge der Oktoberrevolution entbrannte, waren verschiedene Fraktionen involviert. Unter anderem kämpften Monarchist*innen, Großgrundbesitzer*innen und Adel sowie zaristische Offiziere in der Weißen Armee gegen die Rote Armee der Bolschewiki. Für die Anarchist*innen stand jedoch der Autoritarismus in klarer Verbindung mit der bolschewistischen Ideologie. Dennoch gab es Anarchist*innen, die sogenannten Sowjet-Anarchist*innen, die sich den Bolschewiki anschlossen und auch auf ihrer Seite im Bürgerkrieg kämpften.

Bereits Ende 1917 wurde die politische Geheimpolizei Tscheka ins Leben gerufen, deren Aufgabe es war, Sabotage und konterrevolutionäre Umtriebe zu bekämpfen. Von der Verfolgung waren Anarchist*innen besonders hart betroffen, stellte ihr politischer Einfluss schließlich eine Gefahr für die Bolschewiki dar. Volin, ein weiterer bedeutender Anarchist im Russland des 19. und 20. Jahrhundert, schrieb im ersten Band seines Hauptwerks *Die unbekannte Revolution*: »Die anarchistische

Propaganda zu tolerieren, wäre für sie [die bolschewistische Herrschaft] gleichbedeutend gewesen mit Selbstmord. *Sie tat ihr Möglichstes, um jeden Ausdruck libertärer Ideen zuerst zu verhindern, später zu verbieten und schließlich zu unterdrücken*«. Die Bedrohung, die für die Bolschewiki von den Anarchist*innen ausging, verstärkte sich durch den Konflikt über den Friedensvertrag von Brest-Litowsk, der den Austritt Russlands aus dem Ersten Weltkrieg zur Folge hatte. Sowohl viele Anarchist*innen als auch Sozialrevolutionär*innen waren mit der Entscheidung, den Vertrag zu unterschreiben, nicht einverstanden. In ihren Augen hatte sich der Krieg zu einer Verteidigung der Revolution gegen die deutsch-österreichischen Truppen verwandelt, die sie in Form von Guerillakämpfen weiterführen wollten. Die daraufhin gegründeten bewaffneten Partisan*innenverbände waren in den Augen des Anarcho-Syndikalisten Grigorij Maximow, der zu dieser Zeit eine führende Rolle in der anarcho-syndikalistischen Bewegung spielte, der tatsächliche Grund für die gewaltvolle Unterdrückung jeglicher anarchistischen Organisierung. Anfang 1918 starteten die Bolschewiki in der Presse eine ausgedehnte Hetz- und Schmähkampagne gegen die Anarchist*innen. Im April kam es zunächst in Moskau und schließlich auch in weiteren großen Städten zu Massenverhaftungen und bewaffneten Durchsuchungen in von Anarchist*innen besetzten Häusern. Es folgte die Schließung mehrere anarchistischer Presseorgane, wie der *Anarchia*, der Zeitung der anarcho-kommunistischen *Moskauer Föderation Anarchistischer Gruppen* (Moskowskaja Federazija Anarchistkoj Grupp). Die erste Ausgabe der Zeitung erschien im September 1917 und wurde bis Oktober 1917 wöchentlich veröffentlicht. Im Zuge der Oktoberrevolution wurde die Veröffentlichung der *Anarchia* pausiert, aber ab März 1918 in einem täglichen Rhythmus fortgesetzt. Bis zu ihrer Schließung im Juli 1918 diente die Zeitung als ein Sprachrohr für den Frust über die Herrschaft der Bolschewiki. Andere Anarchist*innen äußerten ihren Widerstand gegen die Politik und Repressionen der Bolschewiki mit Terroranschlägen gegen Personen und Orte der Bolschewiki. Zu den bekanntesten dieser Anschläge gehören das fehlgeschlagene Attentat auf Lenin am 30. August 1918, das angeblich von der Anarchistin Fanny Kaplan durchgeführt wurde, und der Bombenangriff auf das Moskauer Büro der Kommunistischen Partei am 25. September 1919, bei dem zwölf Menschen starben und 55 weitere verletzt wurden. Verübt wurde dieser Anschlag von einer Allianz aus Sozialrevolutionär*innen und der Gruppe *Untergrund-Anarchist*innen* (Anarchisty podpolja).

Auch einige Arbeiter*innen stellten sich gegen die Machtübernahme der Bolschewiki und riefen eigene alternative Räte ins Leben. In den Jahren 1919 bis 1921 kam es zu Streiks in mehreren großen Städten, wie etwa in St. Petersburg. Die Arbeiter*innen forderten ein Ende der Repressionen und bessere Arbeits- und Lebensbedingungen. Auf der Inselfestung Kronstadt, die vor St. Petersburg im Finnischen Meerbusen liegt, bekamen die dort stationierten Matros*innen Wind von den Streiks in der benachbarten Stadt. Delegierte besuchten die Streikenden und kehrten mit Berichten nach Kronstadt zurück. Die Matros*innen von Kronstadt hielten Ende Februar und Anfang März 1921 zwei große Versammlungen mit bis zu 15.000 Teilnehmenden ab. Dabei formulierten sie ihre Forderungen nach freien und geheimen Neuwahlen der Sowjets, Rede- und Pressefreiheit für Arbeiter*innen, Bäuer*innen, Anarchist*innen und linkssozialistische Parteien, Versammlungs- und Aktionsfreiheit für Gewerkschaften und Bäuer*innenverbände und der Abschaffung der Privilegien für nur eine Partei. Der Aufstand in Kronstadt und die Streiks in den Fabriken brachten die Bolschewiki in die Bredouille. Guérin formuliert es so: »Kronstadt war für sie [Bolschewiki, Anm. V. B.] besonders beängstigend, da sie doch im Namen des Proletariats regierten und auf einmal ihre Autorität von einer Bewegung infrage gestellt wurde, von der sie wussten, dass sie tatsächlich proletarisch war.« Um der von den Aufständischen ausgehenden Gefahr entgegenzuwirken, starteten die Bolschewiki, angeführt von Lenin und Trotzki, eine Diffamierungskampagne, in der sie die Streikenden als Weißgardisten und Verbündete des Westens bezeichneten. Trotzki soll sogar gedroht haben, sie würden die Matros*innen »wie die Rebhühner abknallen«, sollten sie sich nicht innerhalb von 24 Stunden ergeben.

Am 7. März 1921 startete der erste Angriff auf Kronstadt. Auf dem dünnen Eis zwischen St. Petersburg und Kronstadt brachen jedoch zu viele Soldat*innen ein und ertranken, weswegen die Offensive abgebrochen werden musste. Der zweite Versuch war schließlich erfolgreich. Am 16. März griff die Rote Armee Kronstadt mit schweren Geschützen und Bomben an und zwang die Matros*innen so zur Kapitulation.

Auch wenn Anarchist*innen vermutlich an dem Aufstand nicht direkt beteiligt waren, war er doch anarchistisch geprägt. Für die Bolschewiki machte dies keinen Unterschied. Im Nachgang des Aufstandes wurden Hunderte Anarchist*innen gefangen genommen, viele von ihnen wurden erschossen. Emma Goldman und Alexander Berkman, zwei aus dem russischen Zarenreich stammende Anarchist*innen, die im Exil in den USA an Einfluss gewannen, klagten die brutale Verfolgung in einem offenen Brief an. Im Exil sammelten sie Gelder für ihre in der Sowjetunion inhaftierten Genoss*innen.

Das letzte große anarchistische Projekt, das auf dem Gebiet des ehemaligen Zarenreichs und der 1922 gegründeten Sowjetunion existiert hat, war das des ukrainischen Anarchisten Nestor Machno. Machno wurde am 7. November 1888 in eine arme Bauernfamilie im ukrainischen Huljajpole hineingeboren. Früh war er gezwungen, arbeiten zu gehen. So kam er während seiner Zeit in einer Eisengießerei in den Kontakt mit anarcho-kommunistischen Gruppen. Er wurde während der Revolution von 1905 politisch aktiv und beteiligte sich an mehreren Expropriationen. 1910 wurde Machno für den Mord an einem Polizeibeamten verhaftet. Das ihm bevorstehende Todesurteil konnte im letzten Moment zu einer Gefängnisstrafe abgemildert werden. Nach der Amnestie im Zuge der Februarrevolution 1917, bei der alle politischen Gefangenen aus den Gefängnissen entlassen wurden, kehrte er in sein Heimatdorf zurück. Hier schloss er sich mit seinen alten Genoss*innen zusammen und baute die Bauernunion von Huljajpole und weiteren Dörfern auf. Als die Union schließlich in Räte umgewandelt wurde, übernahm Machno den Vorsitz des Rates in Huljajpole. Dort und in den umliegenden Dörfern wurde das Land der Grundbesitzer enteignet und an die Bäuer*innen übergeben, die Gutshäuser wurden zu Kommunen und die Fabriken kamen unter die Kontrolle der Arbeiter*innen. Machno und die von ihm aufgebaute Armee verteidigten die Region sowohl gegen die Weißgardisten, als auch gegen die ukrainische Nationalbewegung der Zentralrada, die im Bündnis mit Deutschland und Österreich kämpfte. Dabei ging Machno immer wieder Bündnisse mit den Roten Garden und später der Roten Armee ein. Die *Machnowschtschina*, also die Bewegung Machnos, kontrollierte zeitweise ein Territorium mit sieben Millionen Einwohner*innen und hatte eine

Armee von 100.000 Bäuer*innen. Einige desillusionierte oder von den Bolschewiki verfolgte Anarchist*innen wie Volin fanden in der Machnowschtschina einen Zufluchtsort. Die Machnowschtschina wurde zu einem einzigartigen Projekt. Der Osteuropawissenschaftler Ewgeniy Kasakow fasst die Besonderheit treffend zusammen:

> »[Machno] führte nicht nur persönlich die Truppen in den Kampf, sondern organisierte Bildungs- und Kulturarbeit in dem von ihm kontrollierten Gebiet. Er war bereit, einige Waggons mit Lebensmitteln in das hungernde Moskau zu schicken. In einer Zeit, wo alle kämpfenden Armeen unzählige Pogrome veranstalten, gehen nur Machno und die Roten rabiat gegen Antisemitismus in den eigenen Reihen vor – und scheuen dabei nicht die Anwendung der Todesstrafe. Machno schafft es, in seine Armee fast alle Nationalitäten der Region einzubeziehen; es gibt eigene griechische und jüdische Einheiten. Bei Machno finden Anarchist*innen und linke Sozialrevolutionär*innen aus Sowjetrussland Zuflucht. Für die Agitationsarbeit ist die Ende 1918 geschaffene Konföderation der anarchistischen Organisationen der Ukraine ›Nabat‹ (Sturmglocke) zuständig, in der anarchokommunistische und syndikalistische Theoretiker*innen mitwirken.«

Die Bolschewiki hingegen diskreditierten die Machnowschtschina als Banditen und bezichtigten sie des Hochverrats. Am Ende wurde die Bewegung von den Bolschewiki verraten und von der Roten Armee 1921 geschlagen. Dabei wurden führende Personen der Machnowschtschina erschossen und viele weitere verhaftet. Machno selbst floh über Rumänien nach Paris, wo er 1934 bitter verarmt verstarb. In der Nachbetrachtung sind er selbst und seine Bewegung nicht unumstritten, wie Kasakow festhält: »Unter den Warlords war Machno ein Anarchist und unter Anarchisten ein Warlord«. Dennoch stellt Machnos Projekt einen wichtigen Bezugspunkt für viele Anarchist*innen im postsowjetischen Raum dar.

Huljajpole, die Geburtsstadt Machnos, liegt im Oblast Saporischschja und gleicht heute einem Trümmerfeld. Seit dem Einmarsch der russischen Truppen am 24. Februar 2022 in die Ukraine ist die Stadt umkämpft. Bereits Ende Mai 2022 berichtete eine Bewohnerin der Stadt der *New York Times*, das Leben dort gleiche einem Horrorfilm.

Am 23. Mai 2024 zerstörte eine russische Rakete das dortige Denkmal zu Ehren Nestor Machnos.

1921 haben die Bolschewiki schließlich die Streiks und Aufstände in Kronstadt, St. Petersburg und anderen großen Städten niedergeschlagen, die Machnowschtschina aufgerieben und jegliche libertäre Opposition innerhalb der eigenen Reihen unterdrückt. Zur Beisetzung Kropotkins am 8. Februar 1921, an der 100.000 Menschen teilnahmen, wehte zum letzten Mal die anarchistische schwarze Flagge auf den Straßen Moskaus. Für über 65 Jahre war sie danach, zusammen mit jeglicher anarchistischer Aktivität, aus der Öffentlichkeit verbannt. Einigen Anarchist*innen gelang die Flucht aus der Sowjetunion. Denjenigen, die nicht aus den Lagern fliehen konnten, erwartete dort spätestens zur Zeit der großen Säuberungen unter Stalin in den 1930er-Jahren der Tod. Und diejenigen, die es schafften, innerhalb der Sowjetunion am Leben und außerhalb der Gefängnisse zu bleiben, waren im Untergrund zur Inaktivität gezwungen.

Neuorganisierung im postsowjetischen Russland

Mit den unter Michail Gorbatschow in den 1980ern eingeführten liberalen Reformen der *Glasnost* und *Perestroika* begann eine Phase der politischen Öffnung. Zum ersten Mal seit den 20er-Jahren war in der Sowjetunion wieder eine unabhängige politische Organisierung möglich. Als am 28. Mai 1988 auf dem 18. Parteitag der KPdSU über dem Fortgang der Perestroika verhandelt wurde, versammelten sich Anarchist*innen gemeinsam mit Sozialist*innen und Liberalen unter der zum ersten Mal seit über 65 Jahren wieder wehenden schwarzen Flagge, um mehr Gerechtigkeit und Freiheit zu fordern. Neben intellektuellen Diskussionszirkeln, in denen über anarchistische Theorie debattiert wurde, formierte sich 1989 auch die *Konföderation der Anarcho-Syndikalist*innen* (Konfederazija Anarcho-Sindikalistow, KAS). In der KAS kamen diverse antiautoritäre Gruppen zusammen, allein an ihrem Gründungskongress nahmen Menschen aus zwölf verschiedenen Städten aus Russland und der Ukraine teil. Bereits in den ersten Jahren zählte die KAS um die 1000 Mitglieder und vereinte ideologisch diverse anarchistische Ausrichtungen. Als 1989 Arbeiter*innen der Kohleindustrie in der Ukraine, in Usbekistan und Sibirien für bessere Lebens- und Arbeitsbedingungen in den Streik gingen, gründete sich aus den Reihen der KAS das anarcho-syndikalistische Informationszentrum KAS-KOR. Ziel war es, unabhängig über die Streiks zu berichten und eine bessere Vernetzung herzustellen. In einem Interview mit *Independent Politics* im Jahr 1994 berichtete der Direktor von KAS-KOR Kirill Buketov:

> »Informationen auszutauschen und zu kooperieren war für die Streikkomitees ein großes Problem, weil die Sowjetunion so ein großes Land war. Wenn in einer Stadt der Streik gerade begonnen hat, endete er in einer anderen Stadt. [...] Und unsere offiziellen Zeitungen und Magazine und Radio und Fernsehen haben nur Falschinformationen weitergegeben.«

Aufgrund ideologischer Richtungskämpfe und den politischen Umbrüchen der frühen 90er-Jahre erlebten sowohl die KAS als auch das Informationszentrum KAS-KOR eine Krise und rutschten in die Bedeutungslosigkeit ab. Das linksradikale Spektrum der 80er-Jahre teilte sich noch in ein sowjetnostalgisches und ein demokratisch und sowjetkritisches Lager auf. Mit dem Augustputsch von 1991, dem Zerfall der Sowjetunion und dem Amtsantritt Boris Jelzins vollzog sich jedoch ein neuer Bruch in der radikalen Linke. Viele aus dem demokratischen Spektrum unterstützten die durch Jelzin angestoßenen neoliberalen Marktreformen. Anarchist*innen, die zuvor eher notgedrungen an die Demokratiebewegung gebunden waren, fanden sich nun in einer gemeinsamen Oppositionsbewegung mit Stalinist*innen und Rechten wieder. Die ökonomischen Transformationen nach dem Zusammenbruch der Sowjetunion verliefen in Russland in Form einer Schocktherapie. Innerhalb kurzer Zeit wurde der Markt dereguliert, öffentliche Investitionen gekürzt und Subventionen eingestellt. In der Bevölkerung wurden Gutscheine, sogenannte Privatisierungschecks, verteilt, die dann gegen Firmenanteile ehemaliger Staatsunternehmen eingetauscht werden konnten. Von diesem völlig unbekannten System überfordert und mit einer Hyperinflation konfrontiert, versuchten viele Menschen, durch Verkauf die Gutscheine in Geld umzuwandeln. Viele Firmen und Mitglieder der ehemaligen Nomenklatura konnten durch den Ankauf der Gutscheine als Profiteur*innen aus den Transformationen hervorgehen, während der Großteil der Bevölkerung vor Arbeitslosigkeit, Armut und dem Verlust von Identität und Klassenzugehörigkeit stand. So waren die ›wilden 90er-Jahre‹ in Russland geprägt von einem skrupellosen Kampf um Kapitalakkumulation, Kriminalität, Drogen und Gewalt. In vielen Fabriken und Industrien kam es zudem zu verschlechterten Arbeitsbedingungen und verspäteten Lohnzahlungen, was für ein Anwachsen von Streiks und Arbeitskämpfen sorgte. Hier beteiligte sich unter anderem die *Konföderation der revolutionären Anarcho-Syndikalist*innen* (Konfederazija Rewoljuzionnych Anarcho-Sindikalistow, KRAS). Die KRAS entstand 1995 aus dem Zusammenschluss der sibirischen Sektion der KAS und der *Initiative revolutionärer Anarchist*innen* (Iniziatiwa Rewoljuzionnych Anarchistow, IREAN) und ist seit 1996 offizielles

Mitglied als russische Sektion in der *Internationalen Arbeiter*innen-Assoziation* (IAA).

Neben Arbeitskämpfen rückten in den 80er-Jahren Fragen des Umweltschutzes in den Fokus anarchistischer Praxis. Während für die längste Zeit der Sowjetunion die Regierung noch versuchte, Informationen über Umweltkatastrophen wie Atomunfälle oder die Lagerung chemischer Abfälle der Waffenproduktion zurückzuhalten und zu unterdrücken, bot die *Glasnost* unter Gorbatschow die Möglichkeit einer breiten Umweltbewegung. Ein frühes Beispiel dafür ist der Protest gegen eine Anlage zur Vernichtung von Chemiewaffen 1989 in Tschapajewsk. Die Demonstrierenden, die aus verschiedenen umliegenden Regionen zusammenkamen, forderten eine Verlagerung der Anlage in ein unbewohntes Gebiet. Als friedliche Proteste keinen Baustopp erreichen konnten, brachten Anarchist*innen radikalere Protestformen, wie unangemeldete Protestcamps und Ankettaktionen in die Bewegung ein. Dies führte schließlich zum Ende der geplanten Anlage in Tschapajewsk und zum Beginn einer anarcho-ökologischen Umweltbewegung. Hier tat sich vor allem die Gruppe *Bewahrer*innen des Regenbogens* (Chraniteli Radugi) hervor, die sich in 90er-Jahren mit radikalen aber friedlichen Formen der direkten Aktion Umweltbewegungen im ganzen Land anschloss und damit nicht selten Erfolge erzielte. Im Laufe der 2000er-Jahren kamen ihre Aktionen aufgrund der veränderten politischen und gesellschaftlichen Verhältnisse zu einem Ende. Ihre politische Praxis, insbesondere die der Protestcamps, prägte jedoch auch spätere Umweltproteste.

Als 1993 unter Jelzin die neue Verfassung der Russischen Föderation beschlossen wurde, etablierte sich bereits ein System, in dem die Macht beim Präsidenten gebündelt und das Parlament, die Duma, geschwächt wurde. In dieser Demokratie, die der russische Historiker und politische Autor Ilya Budraitskis bereits als »gelenkt« bezeichnet, konnten Parteien zwar ihren Unmut kundtun, hatten jedoch kaum Einfluss auf politische Entscheidungsprozesse. Als eine solche Partei wurde auch die *Kommunistische Partei der Russischen Föderation* (Kommunistitscheskaja Partija Rossiskoj Federazii, KPRF) wieder zugelassen. War sie zuvor noch verboten, so nutzte Jelzin sie ab 1993 zur Kontrolle der zu dieser Zeit sehr populären stalinistischen Opposition. Die KPRF schaffte es, eine breite Basis zu binden und erzielte bei den Wahlen zur Duma 1995 bereits 157 Sitze. Mit ihrer großen Anhänger*innenschaft war die KPRF zudem fähig, immer wieder Zehntausende Menschen auf den Straßen zu mobilisieren. Aus Ermangelung an Alternativen schlossen sich vor allem zu Beginn des neuen Jahrtausends auch Anarchist*innen diesen Demonstrationen an. Der Anarchist Piotr Silaev alias DJ Stalingrad schreibt in seinem Buch *Exodus*:

> »Wir wollten immer zumindest ein bisschen am politischen Leben teilhaben, an Paraden oder Demonstrationen. Doch leider gab es Anfang des Jahrtausends in Russland nicht eine einzige linke Jugendbewegung. Bei Nazi-Umzügen versammelten sich Tausende – die linke Bewegung dagegen bestand allein aus schwachsinnigen stalinistischen Greisen oder Freaks mit unbegreiflichen Ansichten. Davon gab es allerdings ziemlich viele, und so marschierten wir alle gemeinsam. [...] Auf diesen roten Märschen amüsierten wir uns so gut wir konnten. Wir brüllten absurde Losungen, priesen Stalin, kotzten – wir waren sowieso fast nur von Verrückten umgeben.«

Im August 1999 ernannte Jelzin Wladimir Putin zum Ministerpräsidenten. Im selben Jahr kam es zu mehreren Explosionen in Wohnhäusern und Einkaufspassagen in verschiedenen Städten in Russland, bei denen mehrere Hundert Menschen ums Leben kamen und viele weitere verletzt wurden. In Reaktion auf die Serie der Explosionen kündigte Putin an, die zur Verantwortung gezogenen tschetschenischen Terrorist*innen vernichten zu wollen. Ob sich diese konkreten Angriffe tatsächlich in die Liste der Terroranschläge einreihen, die Tschetschen*innen in Russland begangen haben, konnte nie abschließen geklärt werden. Es gab jedoch immer wieder die Vermutung, die Regierung und der Inlandsgeheimdienst FSB könnten die Explosionen inszeniert haben, um den Krieg in Tschetschenien zu rechtfertigen und die Macht Putins weiter zu konsolidieren. Anlass zu dieser Theorie waren drei 60 Kilogramm schwere Säcke voll mit einer weißen, kristallförmigen Substanz, die am 22. September 1999 im Keller eines Wohnhauses in der Stadt Rjasan entdeckt wurden. Dieser Vorfall wird später als ›Zucker von Rjasan‹ in die Geschichte eingehen. Zuvor meldete ein Bewohner eben jenes Wohnhauses bei der Polizei drei Männer, die die Säcke in das Wohnhaus schleppten. Neben der Substanz enthielten die Säcke Kabel und eine Zeitschaltuhr. Von offizieller Seite wurde im Nachgang Verschiedenes behauptet. Zum einen sollen die Säcke explosives Material enthalten haben und der FSB hätte rechtzeitig einen Terroranschlag verhindert. Zum anderen soll es sich in den Säcken um Zucker und bei der ganzen Aktion um eine reine Übungsmaßnahme gehandelt haben. Eine Mitarbeiterin eines lokalen Telefonunternehmens meldete damals eine verdächtige Konversation, die sie mitgehört hatte. Laut einem Journalisten der Zeitung *Nowaja Gaseta* hätte es sich bei den Telefonnummern des Gesprächs um Nummern des FSB gehandelt. Aus heutiger Perspektive besteht für viele kein Zweifel mehr daran, dass hinter der Explosionsserie die russische Regierung steckte.

In seiner Neujahrsansprache 1999/2000 kündigte Jelzin seinen Rücktritt an und übergab gleichzeitig das Amt an Putin. Das harte Durchgreifen gegen die vermeintliche Gefahr tschetschenischen Terrors während seiner Zeit als Ministerpräsident verlieh Putin das Image eines Hardliners und verhalf ihm zum Wahlsieg im Jahr 2000. Sowohl wirtschaftlich als auch politisch blieb Putin allerdings auf demselben Weg wie Jelzin. In einer weiteren Zentralisierung der Macht machte er die Legislative und Judikative vom Präsidenten abhängig und hebelte den Föderalismus aus. Demokratische Institutionen, wie Wahlen, verloren über die Jahre immer weiter ihre Bedeutung und wurden zu einer bloßen Simulation demokratischer Prozesse, wie Budraitskis schreibt. Der politische Wettbewerb, die Medien und das öffentliche Leben wurden vermehrt unter die Kontrolle Putins gebracht und eine eigene, ideologisch auf Linie gebrachte Zivilgesellschaft installiert. Viele der in den 90er-Jahren zu Reichtum und vor allem auch Einfluss gekommenen Oligarch*innen wurden während Putins Amtszeiten umgebracht, vertrieben oder verhaftet und durch treue Freund*innen ersetzt. Seine erste Amtszeit war außerdem geprägt von Arbeits-, Land- und Wohnungspolitikreformen, die die Privatisierung weiter vorantrieben und die Rechte von Arbeiter*innen massiv einschränkten.

Als Reaktion auf die sich weiter verschlechternden Arbeitsbedingungen gründete sich 2001 die Online-Plattform *Antijob.net*. Antijob.net schreibt zu ihrer Gründung: »Auf unserer Seite können Sie: sich einfach über einen beschissenen Job beschweren; über Ihre Erfahrungen mit dem erfolgreichen Kampf für Ihre Rechte schreiben; eine Möglichkeit teilen, auf den Chef zu scheißen; durch uns Büros ›bekannt machen‹, die ihre

Mitarbeiter und Kunden betrügen«. Trotz anhaltender Angriffe durch den Staat und Arbeitgeber*innen erreichen Antijob.net seit über 20 Jahren bis zu über 150 Beiträge pro Woche. Die Plattform informiert zusätzlich über Arbeitskämpfe, Streiks und Proteste. Seit dem 24. Februar 2022 klärt sie zudem Arbeiter*innen über ihre Rechte auf, wenn sie an Antikriegsprotesten teilnehmen. Einer meiner Interviewpartner*innen erklärt: »Ich denke, Antijob.net ist das einzige Projekt, dass in den letzten 10 Jahren zu Arbeiter*innenrechten und Klassenkampf gearbeitet hat.« Dies zeigt noch einmal mehr, wie sich die zunehmend repressiver werdende Politik auf den Inhalt und die Praxis anarchistischer Gruppen und Initiativen ausgewirkt hat.

Von den drastischen Kürzungen und neoliberalen Reformen der frühen 2000er-Jahren war auch der Sozialstaat massiv betroffen. Mit der Monetarisierung sozialer Leistungen ersetzte Putin viele relevante öffentliche Sozialleistungen wie den kostenlosen Nahverkehr oder kostenlose medizinische Versorgung durch unzureichende monatliche, individuell ausgezahlte Geldbeträge. Auf diese Reformen reagierte die Bevölkerung mit massivem Widerstand, an dessen Protesten und Straßenblockaden sich auch viele antiautoritäre Linke beteiligten.

Während in der radikalen Linken mit Blick auf die Marktreformen noch weitestgehend Einigkeit bestand, so vollzog sich ein neuer Bruch im Zuge des zweiten Tschetschenienkrieges (1999–2009). Viele Stalinist*innen sowie die KPRF schlossen sich dem neu aufflammenden Patriotismus an. Anarchist*innen waren hingegen die ersten, die gegen den Krieg auf die Straße gingen. Obwohl sich bald auch Trotzkist*innen an den Protesten beteiligten, versandeten diese leider wieder recht schnell. Die anarchistische Gruppe *Autonome Aktion* (Awtonomnoje Djejstwije, AD) versuchte hingegen in Form von humanitärer Hilfe und dem Verbreiten von Informationen für Kriegsdienstverweigerer einen alternativen Widerstand zum Krieg aufzubauen. AD ging in Teilen aus den *Bewahrer*innen des Regenbogens* hervor, gründete sich 2002 mit vielen Untergruppen in ganz Russland und war für viele Jahre die größte anarchistische Gruppe. Bis 2021 gab sie das auflagenstarke Magazin *Avtonom* heraus. Aufgrund der Repressionen ist AD heute vor allem ein Online-Medienprojekt. 2005 rief AD das Festival »Tag der Deserteure« ins Leben. Über mehrere Tage hinweg gab es neben Diskussionen und

Vorträgen auch Filmvorführungen, gemeinsame Demonstrationen und Aktionen der lokalen Sektionen von der international vertretenen Bewegung *Food not Bombs* (FNB), die Essen an wohnungslose Menschen verteilt. Das Festival war begleitet von unerwartet starker Repression und Druck durch die Polizei und den FSB. Dennoch verbuchte AD das Festival als großen Erfolg und veranstaltete es noch einige Jahre weiter regelmäßig. Auch in St. Petersburg hielten Anarchist*innen den Protest gegen den Krieg aufrecht. Über viele Jahre organisierten sie wöchentliche Demonstrationen und verteilten Informationsmaterial an Passant*innen auf der Straße.

Die Straßenkämpfe der Nullerjahre

Parallel zum Zweiten Tschetschenienkrieg und den ökonomischen Umbrüchen kam es in den 2000er-Jahren zu einem starken Anstieg rassistischer Ressentiments innerhalb der russischen Bevölkerung. Die Regierung nutzte den Kampf gegen vermeintliche äußere und innere Feinde, um so den weiteren Ausbau ihrer Machtvertikalen zu rechtfertigen und Reformen beziehungsweise Reformverweigerung als notwendig darstellen zu können. Das *Moskauer Büro für Menschenrechte* stellte in einem Bericht 2005 fest, dass die Hälfte der Bevölkerung die Meinung teilte, Ausländer*innen, insbesondere aus den ehemaligen sowjetischen Republiken in Zentralasien, hätten zu viel Macht. Dies war der Nährboden für eine florierende, wie sich später herausstellen sollte auch in Teilen aus Regierungskreisen unterstützte, gewaltbereite Neonazi-Szene. Allein 2005 wurden weit mehr als ein Dutzend Menschen aus rassistischen und antisemitischen Motiven von Nazis ermordet. Viele weitere wurden schwer verletzt. In den Gerichtsurteilen kamen die Täter zum größten Teil mit geringen Strafen wegen Hooliganismus davon, die rassistische und antisemitische Motivation blieb dabei unerwähnt. In der Bevölkerung fanden diese brutalen Angriffe viel Unterstützung: Ein Drittel sah laut dem Bericht die Neonazis als »Reinigungsmittel der Bevölkerung« an. Und auch Putin kam das gesellschaftliche Klima gelegen, wie es Aleksandr Brod, Direktor des Moskauer Büros für Menschenrechte, in einem Artikel von *Radio Free Europe* einschätzte:

»Wir haben den Eindruck, dass die Anwesenheit dieser braunen [rassistischen] Kräfte für jemanden sehr von Vorteil ist. Das ist eine bewährte Methode: Neonazi-Kräfte, -Veröffentlichungen und -Gruppen werden unterstützt, eine Atmosphäre der Angst erzeugt und dann der Schluss gezogen, dass der aktuelle Präsident gebraucht wird, da sonst ein faschistischer Präsident an die Macht kommt.«

Neben diesen grausamen rassistischen und antisemitischen Angriffen richteten die Nazis die Gewalt auch gegen Subkulturen, wie die Punk- und Hardcore-Szene, die mit ihren Konzerten und DIY-Festivals zunächst als eher unpolitisch galt. Dennoch war die Szene für viele Anarchist*innen der Ausgangspunkt ihrer späteren Politisierung. Ein Interviewpartner berichtete mir, wie er in der Schule als Punk bezeichnet wurde, nachdem er sich ein Ohrloch hat stechen lassen:

»Ich bin online gegangen, um Informationen darüber zu finden, was Punk ist. Ich bin auf viele Punk-Foren gestoßen, eines davon war *PunkWay*, das später ein gleichnamiges Samizdat/Zine/Magazin veröffentlichte. Dort lernte ich den Anarchismus kennen. Ich bin oft zurückgekehrt, um in diesem Forum zu lesen, und im Laufe der Zeit hat mich sein politischer Inhalt beeinflusst. Ich fing an, mich für Politik zu interessieren.«

Mit der Zeit nahm die Gewalt durch Neonazis gegen die Punkszene weiter zu. Auf dem Weg zu Punk- und Hardcore-Konzerten wurden die Besucher*innen vermehrt brutal angegriffen. Die sichtbare und erlebte Ungerechtigkeit und Gewalt auf den Straßen gegen rassifizierte Menschen und alles Alternative führte bei vielen Jugendlichen aus der Punk- und Hardcore-Szene zu einer Politisierung und Radikalisierung. Sie fingen an, Macht und Autorität zu hinterfragen und sich mit anarchistischen Theorien zu beschäftigten. Sie trafen sich, um Texte von Kropotkin oder Bakunin zu diskutieren, führten Aktionen mit *Food Not Bombs* (FNB) durch, eröffneten eigene Fitnessstudios, besetzten Häuser und organisierten Umweltcamps.

Zudem organisierte sich eine junge antifaschistische Bewegung. Zu Beginn schützten die Antifaschist*innen vor allem eigene Veranstaltungen und die Anreise dorthin. Das Ausmaß der Gewalt eskalierte im Verlauf der 2000er-Jahre jedoch immer weiter und normalisierte sich gleichzeitig. Das erste bekannte Opfer eines tödlichen Angriffs auf die linke Szene war der Anarchist Timur Katscharawa. Katscharawa war eines der ersten Mitglieder des FNB-Kollektivs in St. Petersburg und Gründungsmitglied der Hardcore-Punkband *Sandinista!*. Am 13. November 2005 war er gemeinsam mit einem Genossen auf dem Rückweg von einer FNB-Aktion, als die beiden brutal angegriffen wurden. Sein Genosse überlebte den Angriff, während Katscharawa selbst infolge der Verletzungen starb. Ein weiterer, für die Szene prägender und tödlicher Angriff durch Neonazis war der auf das Umweltcamp in Angarsk 2007. Das Camp wurde von der Autonome-Aktion-Gruppe in Irkutsk organisiert und richtete sich gegen den Bau des Internationalen Zentrums für Urananreicherung. In dem Buch über den russischen Antifaschisten Alexej ›Sokrates‹ Sutuga berichten Augenzeug*innen von dem Angriff auf das Camp in der Nacht vom 21. Juli 2007. Eine Gruppe von Neonazis zerstörte, bewaffnet mit Schlagstöcken und Messern, die Zelte und prügelte brutal auf die Protestierenden ein. Der Anarchist Ilja Borodajenko wurde schwer verletzt und verstarb ein paar Tage später im Krankenhaus. Viele weitere wurden zum Teil lebensbedrohlich verletzt.

Diese und folgende Morde und Angriffe durch Neonazis machten die Notwendigkeit einer antifaschistischen Gegenwehr immer deutlicher. Ein Interviewpartner erklärte: »Aber nach all den Ermordungen verstand man, dass es ohne Gewalt nicht weitergehen kann. Dass Nazi-Gewalt nur mit Gewalt bekämpft werden kann.« Antifaschist*innen beobachteten nun Neonazis, griffen ihre Veranstaltungen an und attackierten sie auch auf den Straßen. Der anarchistische Anwalt Stanislaw Markelow, der in den 2000er-Jahren für die Verteidigung vieler Antifaschist*innen bekannt war, schreibt in seinem *Roten Buch der Antifa* von der Notwendigkeit des antifaschistischen Widerstands gegen die faschistische Ideologie und ihre Handlanger. Es ginge um den Kampf für eine reale Gleichheit und um die Verteidigung von den eigenen Rechten und Freiheiten. Darum sei Antifa antipolitisch, da es in der Politik um den Kampf um Macht ginge, während auf der Straße gesamtgesellschaftliche Prinzipien verteidigt werden würden. »Jetzt ist es zu spät, sich zu fragen: ›Warum sollte ich mich ihnen widersetzen?‹ Es ist bereits notwendig, sein Recht auf Menschsein zu verteidigen. Sonst wird es morgen nichts mehr zu verteidigen geben«, schreibt er.

Am 19. Januar 2009 wurde Markelow zusammen mit der Journalistin Anastasia Baburowa Opfer eines tödlichen Angriffs. Dieser Angriff war der vorläufige Höhepunkt der Gewalt und zugleich der letzte aufsehenerregende Mord, der ein sich abzeichnendes Ende der Zeit der Straßenkämpfe markierte, auch wenn es auch später weiterhin Morde gab. Markelow und Baburowa waren gerade auf dem Rückweg von einer Pressekonferenz in Moskau, auf der Markelow die frühzeitige Freilassung eines für die Entführung und Ermordung eines tschetschenischen Mädchens verurteilten russischen Armeeoffiziers anprangerte. Der Angreifer schoss von hinten zuerst auf Markelow. Baburowa versuchte, den Angreifer aufzuhalten und wurde dabei selbst erschossen. Markelow starb noch am Tatort, während Baburowa ihren Verletzungen im Krankenhaus erlag. Verantwortlich für die Ermordung von Markelow und Baburowa waren Mitglieder der *Kampforganisation russischer Nationalisten* (Bojewaja Organisazija Russkich Anarchistow, BORN). Der Neonazi und BORN-Gründer Ilja Gorjatschew wird später im Gericht zu diesem Fall aussagen, dass dieser und viele andere Anschläge zuvor auf Befehl oder zumindest mit der Zustimmung von staatlichen Behörden erfolgten. Tatsächlich konnten wiederholt Verbindungen zwischen BORN-Mitgliedern und staatlichen Medien sowie der Präsidialverwaltung festgestellt werden. Der Mord an Baburowa und Markelow, die beide bekannt und beliebt waren, stellte für die Szene eine Zäsur dar. Seit 2009 ist der 19. Januar ein antifaschistischer Erinnerungstag für Menschen in Russland, der Ukraine, Belarus und im Exil, an dem zu Kundgebungen und Demonstrationen mobilisiert wird. BORN war zudem verantwortlich für die Ermordung des Gründers der Band *Moscow Trojan Skinheads*, Fjodor Filatow, der bekannten Antifaschisten Ilja Dschaparidse und Ivan Chutorskoj und des Richters des Moskauer Stadtgerichts Eduard Tschuwaschow.

Die Ermordung so vieler bekannter und vor allem auch geschätzter Menschen der antifaschistischen Szene sorgten für einen Rückgang antifaschistischer Aktivität. Dennoch hat der direkte Kampf gegen die Neonazis auch Erfolge gezeitigt. Auf die Gefahr hin, angegriffen zu werden, zogen sich viele Neonazis aus der Öffentlichkeit zurück. Auch Veranstaltungen und Konzerte sowie Demonstrationen nahmen merklich ab. Während einige anfingen, Schutz in der Politik zu suchen, flohen andere vor zunehmenden staatlichen Repressionen in die Ukraine. Für die anarchistische Bewegung war der gemeinsame Antifaschismus ein Organisierungsmoment. Am 1. Mai 2008 kam es zum ersten Mal zu einem anarchistischen Block auf der großen Demonstration in Moskau. Piotr Silaev schreibt in Exodus dazu:

> »Die Organisatoren und die Alten waren ziemlich baff, als inmitten dieses Karnevals plötzlich ein Haufen Leute in Schwarz unter schwarz-roten Flaggen auftauchte. Auch die Miliz war darauf nicht vorbereitet und trieb uns nicht einmal auseinander – damals marschierten zum ersten Mal Anarchisten zum Kreml.«

Auf YouTube sind noch zwei Videos zu finden, die diese Demonstration dokumentieren. Vornehmlich junge Menschen tanzen zu Hardcore und Punk, halten anarchistische und feministische Banner hoch und rufen »Freiheit, Gleichheit, Anarcho-Kommunismus«.

Der Kampf um den Wald von Chimki

Als der Wald in Chimki, einer Stadt nahe Moskau, abgeholzt werden sollte, um Platz für eine fünfspurige Autobahn zu machen, kam es 2010 zu einer der letzten medienwirksamen Aktion von Anarchist*innen im Russland der 2000er-Jahre. Die Autobahn sollte Moskau und St. Petersburg verbinden und durch einen Schlenker durch den Wald nahe an den Moskauer Flughafen Scheremetjewo heranführen. Der Wald, in dem Elche, Wildschweine, viele Vögel und Hunderte Jahre alte Eichen beheimatet sind, galt vor 2009 noch als forstwirtschaftliches Grünland. Laut dem Artikel 86 des Forstwirtschaftsgesetzes war eine Änderung der Nutzung dieses Landes ausdrücklich verboten. Der Artikel 86 verschwand jedoch aus dem Gesetzbuch nach einer Änderung 2009. Zudem gab Putin noch im selben Jahr die Anweisung, das für die Autobahn relevante Waldareal in für den Verkehr bestimmtes Land umzuwandeln. Die Bewohner*innen der Stadt Chimki, die durch ihren Industriestandort bereits mit Luftverschmutzung zu kämpfen hatten, wurden über den Bau der Autobahn erst informiert, als die notwendigen Entscheidungen für das Projekt bereits getroffen waren und die Vermessungsarbeiten im Wald begannen. Aus dem anfänglichen

Schockmoment entwickelte sich ein Widerstand gegen die beginnenden Arbeiten.

Für den 15. Juli 2010 war der Beginn der Rodungsarbeiten angesetzt. Um dies zu verhindern, organisierten die Aktivist*innen, unter ihnen viele Anarchist*innen und Antifaschist*innen, ein Umweltcamp. Am 23. Juli wurde das Camp von einer Gruppe von 50 Hooligans angegriffen. Sie attackierten Aktivist*innen und bildeten eine Kette zwischen den Teilnehmer*innen des Camps und den Rodungsarbeiten. Als die gerufene Polizei ankam, nahm diese anstatt der Schläger die Aktivist*innen fest und räumte das Camp. Der Chef der beauftragten Rodungsfirma gab später zu, selbst die Hooligans angeheuert zu haben. Ein paar Tage nach dem Angriff, am 28. Juli, versammelten sich mehrere Hundert Anarchist*innen und Antifaschist*innen in Chimki, um gegen den Angriff und gegen die Autobahn zu demonstrieren. Während der Demonstration wurde das Rathaus von Chimki, das aufgrund der Uhrzeit bereits leer stand, mit Rauchbomben, Steinen und Schreckschusspistolen angegriffen und die Fassade mit Graffiti bemalt. Die unvorbereitete Polizei nahm keine einzige Person fest. Aus dem Umweltcamp heraus kam es von bürgerlicher Seite zu Distanzierungen gegenüber der Aktion. In den Medien wurde von einer Eskalation der Gewalt gesprochen. Allerdings eskalierte die Gewalt in dem Konflikt um Chimki schon drei Jahre vor dem Angriff gegen das Rathaus, als Polizist*innen begannen, die Aktivist*innen an der Teilnahme von Veranstaltungen zu hindern und Neonazis anfingen, bekannte Personen aus der Protestbewegung anzugreifen. Schon im April 2007 wurde das Auto des Journalisten Michail Beketow in Brand gesteckt. Beketow war Gründer und Chefredakteur der Zeitung *Chimki Prawda*, in der er wiederholt Artikel über die Korruption innerhalb der Stadtverwaltung und für den Erhalt des Waldes veröffentlichte. In der anarchistischen Szene war Beketow zudem deswegen bekannt, weil er von Stanislav Markelow vor Gericht vertreten wurde. Im November 2008 wurde ein weiterer Mordversuch an Beketow begangen, den er nur dank einer langen medizinischen Behandlung überlebte und von dem er eine Behinderung davongetragen hat. 2013 verstarb er an den Langzeitfolgen dieses Angriffs. Neben Beketow erlebten auch viele andere Aktivist*innen Brandanschläge auf ihre Wohnungen, Bedrohungen und Mordanschläge.

Laut dem anarchistischen Magazin *Moloko Plus* war der Kampf um den Wald in Chimki, der sich noch über einige Zeit zog, die letzte größere Aktion, an der Menschen teilgenommen haben, die in den antifaschistischen Kampf gegen die Neonazis auf den Straßen Russlands involviert waren. Die Autobahn wurde im November 2019 eröffnet und führt wie geplant durch den Wald von Chimki.

Direkt im Anschluss an den Angriff auf das Rathaus war es zu mehreren Festnahmen von Menschen gekommen, die dabei gewesen sein sollen. Die Strafen gegen die sogenannten *Geiseln von Chimki* fielen mit einem Strafmaß zwischen wenigen Monaten Untersuchungshaft und drei Jahren Bewährungsstrafe relativ mild aus, wenn sie ins Verhältnis zu den heutigen Repressionen gesetzt werden. Anderen, wie Piotr Silaev, gelang die Flucht vor der drohenden Haft. Doch die Bestrafung von Anarchist*innen und Antifaschist*innen änderte sich im Zuge der 2010er-Jahre. Das berüchtigte *Zentrum E* (Generales Direktorat zur Bekämpfung von Extremismus), das 2008 gegründet wurde, verlagerte ab den 2010er-Jahren seinen Fokus vom Nordkaukasus auch auf Neonazis, Antifaschist*innen und Anarchist*innen. Diese wurden nun von einem Dreiergespann aus dem Zentrum E, der Polizeieinheit OMON (Mobile Einheit besonderer Bestimmung) und dem FSB weiter kontrolliert und bedroht.

Nach Bolotnaja: Der Kampf gegen die Repression

Im Dezember 2011 kam es zu einem Ereignis, das Budraitskis als den »Ground Zero für eine neue politische Ära im postsowjetischen Russland« bezeichnet. Schon im Vorfeld der Parlamentswahlen warnten Oppositionspolitiker*innen vor einen möglichen Wahlbetrug. Unabhängige Wahlbeobachter*innen berichteten später von Manipulationen und Fälschungen beim Urnengang. Die Bekanntgabe von Putins Partei *Einiges Russland* (Jedinaja Rossija) als Gewinnerin der Wahl löste landesweit Massenproteste aus. Am 10. Dezember versammelten sich allein auf den Straßen Moskaus 100.000 Menschen zu Demonstrationen, an denen auch eine breite Koalition linksradikaler Gruppen teilnahm. Als im September 2011 Putins erneute Kandidatur als Präsident bekannt wurde, sorgte diese sowohl für Ernüchterung als auch Empörung. Dass Wladimir Putin nach bereits acht Jahren als Präsident und vier Jahren als Ministerpräsident (mit Dmitrij Medwedew als fügsamem Präsidenten) nun wieder in das Präsidentenamt zurückkehren sollte, ließ den Glauben an eine demokratische Entwicklung in Russland vollends zerplatzen. Im März 2012 wurde Putin, der sich inzwischen durch eine Verfassungsänderung im Jahr 2020 die Möglichkeit gesichert hat, bis 2036 im Amt zu bleiben, ohne große Überraschung zum neuen alten Präsidenten der Russischen Föderation gewählt. Zu seiner Vereidigung am 6. Mai formierte sich wieder landesweit eine breite Protestbewegung, gegen die die Polizei mit aller Gewalt durchgriff. In Moskau endete der Protestzug auf dem Bolotnaja-Platz, von dem die Polizei versuchte, die Demonstrant*innen zu vertreiben. Auf die Gewalt der Polizei reagierten die Protestierenden mit Blockaden und spontanen Demonstrationen. Auf dem Bolotnaja-Platz waren auch viele Anarchist*innen vertreten. Ein Interviewpartner schilderte die Rolle, die sie dabei spielten, wie folgt:

> »Anfang 2012 glaube ich, war der Bolotnaja-Protest. Und Anarchistinnen und Anarchisten waren eine Hauptkraft von diesen Protesten. Für Russland

ist es nicht so normal und gewöhnlich, Polizisten anzugreifen. Und schwarz-rote Leute unter schwarz-roten Fahnen waren zuerst die einzigen, die Polizisten angegriffen haben, und danach haben andere Menschen, einfache Menschen, das gesehen und dasselbe getan.«

Zusätzlich zu den Protesten kam es zudem zu der Besetzung des Platzes um das Denkmal des kasachischen Dichters Abaj Kunanbajew (Abai Qunanbajuly). Angelehnt an die *Occupy-Wall-Street*-Proteste konnten die Teilnehmer*innen von *Occupy Abaj* die Besetzung über eine Woche aufrechterhalten. Insgesamt wurden laut *Avtonom* bei den Protesten mindestens 300 Menschen festgenommen, 30 von ihnen waren Anarchist*innen. Dass die Anarchist*innen durch ihre Teilnahme an den Protesten Seite an Seite standen mit Liberalen, autoritären Linken, Orthodoxen und allen anderen, die sich auf der Straße gegen Putin versammelt haben, stieß nicht bei allen anarchistischen Gruppen auf Verständnis. So warf die KRAS zum Beispiel den Anarchist*innen, die sich an den Protesten beteiligt haben, vor, sich als Kanonenfutter verheizt haben zu lassen und schreibt:

»Sie [die an den Protesten teilnehmenden Anarchist*innen; Anm. V. B.] werden in Wirklichkeit zu Verbündeten einer der streitenden Fraktionen der Bourgeoisie und finden sich auf einer Seite mit denen wieder, die heute die bestehende kapitalistische Barbarei wütend verteidigen.«

In Reaktion auf die Massenproteste schlugen Putin und seine Administration in der Politik einen neuen Kurs ein: Der Nationalstolz und Patriotismus wurde noch weiter gestärkt, die Öffentlichkeit auf traditionelle vermeintlich russische Werte eingeschworen und gegen die inneren (die angeblich fünfte Kolonne des feindlichen Auslands) und äußeren (der Westen) Feinde gehetzt. Laut der Journalistin und Autorin Irina Rastorgueva ist das der Moment der Radikalisierung der Ideologie des Putinismus.

Diese nun öffentlich propagierte Polarisierung in ›Wir‹ und ›die Anderen‹ manifestierte sich insbesondere in zwei auch international bekannt gewordenen Gesetzen, die 2012 und 2013 verabschiedet wurden. Zum einen in dem Gesetz über ausländische Agenten, das gemeinnützige Organisationen, die finanzielle Unterstützung aus dem

Ausland erhalten, an den Pranger stellt. Vor allem für Menschenrechts- und Umweltorganisationen, die sowieso bereits ein Dorn im Auge des russischen Staatsapparates waren, wurde die Arbeit durch dieses Gesetz erheblich erschwert. Zum anderen in dem Gesetz über das Verbot der Verbreitung von ›Propaganda für Homosexualität‹, das in seiner Konsequenz zu einem massiven Anstieg der Gewalt gegen und Unterdrückung von Menschen der LGBTIQ+-Community führte.

Gleichzeitig wurde das Repressionsniveau gegen vermeintliche Widersacher*innen merklich angezogen. In den 2013 auf die Demonstrationen auf dem Bolotnaja-Platz folgenden Prozessen, den sogenannten *Bolotnaja-Prozessen*, wurden auch Anarchist*innen und Antifaschist*innen, wie Aleksei Gaskarow wegen der Anstiftung zu Massenprotesten verurteilt. Dmitrij Butschenkow, ein Mitglied von AD, verbrachte eineinhalb Jahre im Gefängnis, obwohl er nach eigenen Angaben am Wochenende der Proteste gar nicht in Moskau war. Seine Anklage basierte auf Videoaufnahmen, auf denen ein Mann zu sehen ist, der angeblich Butschenkow ähnelte. Allerdings wiesen auch unabhängige Untersuchungen die vermeintliche Ähnlichkeit zurück. Die Haftbedingungen für Butschenkow waren besonders hart: Videokameras in der Zelle, keine Kommunikation mit anderen Insassen und vor allem in 15 Monaten nur zwei Anrufe und kein Treffen mit seiner Familie. Nachdem Butschenkow aus dem Gefängnis entlassen und unter Hausarrest gestellt wurde, konnte er fliehen und politisches Asyl in Litauen erhalten. Inzwischen hat sich Butschenkow vom Anarchismus wegbewegt. Er betreibt heute einen YouTube-Kanal, auf dem er Videos zu verschiedenen politischen und gesellschaftlichen Themen hochlädt. In der Kanalinformation positioniert er sich so: »Alternativer Staat, progressiver Traditionalismus, Selbstverwaltung, Meritokratie, dritter Weg in der Wirtschaft, alternatives Rechtssystem, Wiederbelebung Russlands, Solidarität und Solidarismus, industrielle Demokratie, Geschichte Russlands, nichtmarxistischer Sozialismus, gegen Multikulturalismus, Ethnopluralismus, aus Schwäche wird Stärke!«

Als Putin im März 2014 die Krim annektierte, traf dies in der russischen Bevölkerung auf eine breite Zustimmung. Eine Interviewpartnerin berichtete von dieser Zeit: »Es gab diese Sache, die wir in Russland den Krim-Konsens nennen, dass so ziemlich die Mehrheit, etwa 99 % der

Menschen, sogar diejenigen, die jetzt als liberal gelten, die Annexion als eine positive Sache gesehen haben.« Diesem neuen Gefühl von Macht und dem aufblühenden Nationalismus, Chauvinismus und Patriotismus schlossen sich auch Personen und Gruppen der radikalen Linken an. Die »linke Einheit« der Proteste von 2011/2012 zerbrach, wie der finnische Anarchist Antti Rautianien, der vor seiner Ausweisung zehn Jahre lang in Russland lebte und wirkte, schreibt. Personen wie der Autoritär-Linke und jetzt im Gefängnis sitzende Sergej Udalzow sahen in der Annexion der Krim und in der inoffiziellen Invasion Russlands im Osten der Ukraine eine notwendige Verteidigung russischer Interessen gegen den westlichen Imperialismus. Viele Anarchist*innen hingegen kritisierten den Angriff. Sie betrachteten die sogenannten Volksrepubliken Donezk und Luhansk als russische Marionetten, die lediglich als Vorwand für die militärische Aggression gegen die Ukraine dienten. Manche von ihnen gingen in die Ukraine, um die Proteste auf dem Maidan in Kyjiw zu unterstützen, andere, um auf ukrainischer Seite an der Front zu kämpfen. Die Opposition zum russischen Krieg in der Ostukraine und die Beteiligung an den Protesten 2011 und 2012 waren für die jüngere Generation von Anarchist*innen ein wichtiger Mobilisierungsmoment. Der im Kontext des Netzwerk-Falles inhaftierte Anarchist Ilja Schakurskij beschreibt in einem veröffentlichten Brief aus dem Gefängnis heraus diese Zeit des Widerstandes:

> »Wir, junge Leute, deren Weltanschauung von diesen Ereignissen geprägt war, versuchten, die flackernde Flamme der Bewegung wiederzuerwecken und mit Leben zu erfüllen. Konzerte, Hausbesetzungen, Tagesausflüge, Faustkämpfe, Graffiti, Vorträge, FNB und Umsonstmärkte. Das alles war unsere Kultur, unser Selbstausdruck und unsere innere Inspiration. Wir lernten uns kennen, wir ließen uns von den Erfahrungen unserer älteren Kameraden inspirieren. Wir haben den Weg des Kampfes eingeschlagen, wir haben eine Atmosphäre kultiviert, wir haben die Bewegung am Laufen gehalten – oder wir haben es zumindest versucht. Und wir erreichten den Punkt, an dem der Zeitgeist uns die Notwendigkeit der Militarisierung vor Augen führte. Die Einsätze wurden erhöht. Wir erkannten, dass wir uns dem Punkt näherten, an dem wir uns verteidigen, um unser Überleben kämpfen mussten.«

Ein Beispiel für anarchistische Aktionen gegen den russischen Krieg im Osten der Ukraine war der Protest von *Food Not Bombs* in Petrosawodsk im Nordwesten Russlands. Am 9. März 2014 sollte eine Demonstration unter der Parole »Gegen den Krieg in der Ukraine« stattfinden. Doch bereits am Tag vor dem geplanten Protest kam es zu Attacken auf die Organisator*innen. Das Portal *Avtonom* berichtet davon, dass am Abend des 8. März rund ein Dutzend maskierter Männer zwei der Organisator*innen körperlich angriffen und dabei neben Beleidigungen auch »Ihr wollt verdammt nochmal die Krim an die Bandera-Leute verschenken?« riefen. Auch am Tag der Demonstration soll es zu brutalen Angriffen auf vier Mitglieder von FNB gekommen sein. Sie waren gerade mit dem gekochten Essen auf dem Weg zur Kundgebung, als sie attackiert und in Autos verschleppt wurden. Dort wurden sie weiter misshandelt und anschließend außerhalb der Stadt in einem Wald getrennt voneinander ausgesetzt. Bei dem Protest selbst kam es zudem zu Provokationen und Störungen.

Diese Gewalt ist ein Ausdruck dafür, wie der Staatsapparat die Repressionen seit 2011/2012 und spätestens seit 2014 verschärft hat. Dies lässt sich auch an den Gesetzen mitverfolgen, die seit der Invasion im Donbas verabschiedet wurden, wie die Wiedereinführung psychiatrischer Zwangsbehandlungen. Zudem wurde ein Gesetz verabschiedet, mit dem Organisationen als unerwünscht eingestuft werden können. Wird eine Organisation als eine Gefahr für die innere Sicherheit des russischen Staates betrachtet, kann ihr von nun an das Recht auf jegliche Betätigung innerhalb Russlands entzogen werden. Alle mit unerwünschten Organisationen in Verbindung stehenden Organisationen und Personen begeben sich gleichermaßen in Gefahr. In den Jahren 2016 und 2017 rückten Kanäle der Telekommunikation in den Fokus repressiver Gesetze. Anbieter von Kommunikations- und VPN-Diensten sind seitdem dazu verpflichtet, mit dem FSB und Geheimdiensten zu kooperieren und Daten zu speichern. Zudem wurde die Bewegungsfreiheit von ehemaligen Inhaftierten durch eine neu eingeführte administrative Überwachung massiv eingeschränkt. In der dritten Amtszeit Putins als Präsident hat sich Russland endgültig von einem illiberalen Regime hin zu einem gänzlich autoritären Staat entwickelt. Die Macht und der Einfluss der Sicherheitsbehörden nahm weiter zu und Folter wurde zu einer willkürlich angewandten Praxis. Die Politologin Tatjana Woroschejkina zieht daher den Schluss, dass sich Russland in einen Polizeistaat verwandelt hat. Sie erklärt auch, welche Rolle Repressionen für autoritäre Staaten spielen: Massenhafte Repressionen, wie sie in den Jahren 2011 bis 2013 stattfanden, sind vor allem in einer Zeit der Machtkonsolidierung notwendig. Um die Stabilität des Regimes zu sichern, greift der Machtapparat auf gezielte Repressionen und eine Politik der Angst zurück. Das zeigt sich auch an den Zahlen politischer Repressionen in Russland. Nach dem steilen Anstieg in den Jahren von 2011 bis 2013 stabilisierte sich die Zahl in den Jahren von 2016 bis 2018 bei circa 115 Fällen pro Jahr. In Bezug auf die Politik der Angst spricht der Politikwissenschaftler Kirill Rogow im russischen Kontext von einer doppelten Bedeutung. Zum einen werden Aktivist*innen mit willkürlichen Repressionen eingeschüchtert. Zum anderen wird auch die Gesellschaft eingeschüchtert, indem das Regime die repressive Politik als notwendige Antwort auf das gesellschaftliche Sicherheitsbedürfnis legitimiert.

Von fabrizierten Fällen und gerichtlicher Willkür

Am 31. Oktober 2018 zündete der Anarchist Michail Schlobizkij im Büro des FSB in Archangelsk im Nordwesten Russlands eine Bombe, tötete dabei sich selbst und verletzte drei Mitarbeiter*innen. Schlobizkij war bis zu diesem Zeitpunkt keine in der Szene bekannte Persönlichkeit und eher im Internet aktiv. Jedoch veröffentlichte er kurz vor dem Anschlag ein Manifest im Chat der anarchistischen Gruppe *Volksselbstverteidigung* (Narodnaja Samooborona), in dem er die Willkür der Behörden wie dem FSB anklagte. Obwohl Schlobizkij, wie es scheint, als Einzeltäter aktiv war und auch *Volksselbstverteidigung* eine Involvierung in dem Angriff abstritt, wurde Schlobizkij eine Mitgliedschaft in der Gruppe unterstellt.

Nach der allgemeinen Verschärfung des Repressionsniveaus gerieten nun antiautoritäre Gruppen nach 2018 in den besonderen Fokus der russischen Strafverfolgungsbehörden. Die vermeintliche Involvierung von Volksselbstverteidigung dient seit dem Anschlag als Vorwand, um Menschen aus dem anarchistischen Spektrum festzunehmen, indem ihnen eine mögliche Verbindung zu der Gruppe unterstellt wird.

Zum Teil reicht es schon, lediglich anarchistische Literatur zu Hause zu haben. Auch das Verfassen von Kommentaren, Solidaritätsbekundungen oder bloßer Anteilnahme am Tod Schlobizkijs in den sozialen Netzwerken kann als Verherrlichung und Rechtfertigung von Terrorismus gewertet werden und zu einer Festnahme führen. *OVD Info*, eine Internetplattform, die politische Repressionen in Russland analysiert, veröffentlichte 2020 einen Artikel über diese Repressionen nach dem Anschlag Schlobizkijs. Insgesamt wurden in diesem Zusammenhang 71 Personen in 22 Regionen Russlands festgenommen, 20 Strafverfahren wegen einer angeblichen Rechtfertigung von Terrorismus eröffnet und vier Personen zu 13,5 Jahren Haft verurteilt. Auch Medienhäuser und Journalist*innen, die über den Anschlag oder die nachfolgenden Repressionen berichteten, wurden mit Hausdurchsuchungen, Geldstrafen und Strafverfahren eingeschüchtert.

Ein weiterer Anarchist, dem die Zugehörigkeit zur Gruppe *Volksselbstverteidigung* vorgeworfen wurde und der zu einem international bekannten Opfer der Willkür des russischen Repressionsapparates wurde, ist Azat Miftachow. Miftachow ist ein überzeugter Anarcho-Kommunist und Doktor der mechanischen Mathematik. Im Februar 2019 wurde er auf dem Rückweg von einer Konferenz in Nischni Nowgorod in Moskau entführt. Erst einen Tag nach seinem Verschwinden gaben die Behörden die Festnahme Miftachows wegen der angeblichen Herstellung explosiven Materials bekannt. Bis dahin hatte sein Anwalt keinen Zugang zu ihm. Zeitgleich mit Miftachow wurden zehn weitere Anarchist*innen festgenommen und für 24 Stunden festgehalten. Drei von ihnen berichteten von Folter im Gewahrsam. Einer von ihnen, Daniil Galkin, wurde unter dem Einsatz von Elektroschocks dazu gezwungen, vor laufender Fernsehkamera Miftachow zu denunzieren. Miftachow selbst wurde nach drei Tagen aus Mangel an Beweisen freigelassen und direkt nach seiner Freilassung wieder festgenommen. Dieses Mal wegen seiner angeblichen Beteiligung an einem Angriff auf das Büro der regierenden Partei Einiges Russland in Moskau im Jahr 2018. Bei diesem besagten Angriff, bei dem Miftachow Wache gestanden haben soll, wurde ein Fenster mit einer Rauchgranate eingeworfen. Im Gewahrsam wurde Miftachow mit Elektroschocks und Schlägen gefoltert. Um weiterer Folter zu entgehen, versuchte er, sich das Leben zu nehmen. Mit Miftachow wurden wiederum vier weitere Anarchist*innen festgenommen: Elena Gorban und Alexej Kobaidse, die sich sofort für schuldig erklärten und unter Auflagen freigelassen wurden, und Swjatoslaw Retschkalow und Andrej Jeykin. Retschkalow und Kobaidse gelang die Flucht aus Russland.

Bis zu seinem Gerichtsverfahren 2021, das auf Grundlage zweier geheimer Zeugen geführt wurde, blieb Azat Miftachow in Untersuchungshaft. Der erste Zeuge gab an, ihn am Tatort gesehen zu haben. Da an dem Tag des Angriffs sein Handyakku leer gewesen sei, hätte er nicht sofort die Polizei rufen können. Auf die Frage, warum er in dem ganzen Jahr nach dem Anschlag sich nicht gemeldet hätte, antwortete er, dass er einfach andere Sachen zu tun gehabt hätte. Erst die Fernsehbilder der Festnahme von Miftachow, auf denen er diesen an seinen markanten Augenbrauen zu erkennen glaubte, hätten ihn zu einer Aussage gebracht. Leider konnten die Aussagen dieses Zeugen während der Gerichtsverhandlung nicht geprüft werden, da er kurz vor Verfahrensbeginn an einem Herzinfarkt verstorben ist. Der zweite Zeuge war zwar nicht am Tatort, konnte jedoch Miftachow der Gruppe Volksselbstverteidigung zuordnen. Die Aussagen des Zeugen in den Vernehmungsprotokollen und seine Angaben vor Gericht unterschieden sich jedoch auffällig. Zudem stellte der Zeuge selbst fest, dass die meisten seiner Angaben auf Spekulation basierten. Azat Miftachow bestritt weiterhin, an dem Angriff beteiligt gewesen zu sein. Dennoch wurde er zu sechs Jahren Haft verurteilt, von denen er bereits drei in Untersuchungshaft verbracht hat. Die gerichtliche Willkür gegen den Anarchisten sorgte für eine große Welle der Solidarität, der sich auch internationale Wissenschaftler*innen anschlossen. In offenen Briefen, die zu Tausenden unterschrieben wurden, forderten sie seine Freilassung. Als Miftachow am 4. September 2023 schließlich entlassen werden sollte, hatte er nur fünf Minuten, um seine auf ihn wartende Familie zu umarmen. Direkt nach der Entlassung wurde er ein drittes Mal festgenommen, nun wegen der angeblichen Verherrlichung von Terrorismus, da er in Haft mit anderen Insassen über den russischen Angriffskrieg gegen die Ukraine und über den Anschlag Schlobizkijs gesprochen haben sollte. Am 28. März 2024 wurde Azat Miftachow zu vier weiteren Jahren verurteilt, die ersten zweieinhalb Jahre davon im Gefängnis und die restliche Zeit in einer Haftkolonie unter dem strengen Regime. *Memorial* hat seine letzten im Gerichtssaal gesprochenen Worte veröffentlicht. Unter anderem klagte er das Terrorregime des FSB an:

> »Während der Jahre meiner Inhaftierung in der vorherigen Strafsache habe ich nie eine Liebe für den Staat entwickelt – und jetzt sitze ich wieder auf der Anklagebank. Jetzt werde ich für das angeklagt, was die Gesetzeshüter als ›Rechtfertigung des Terrorismus‹ bezeichnen wollen, indem sie Beweise auf dieselbe Weise fälschen wie vor fünf Jahren. Die Offensichtlichkeit und Unverfrorenheit einer solchen Fälschung bringt sie überhaupt nicht in Verlegenheit, sondern spielt ihnen sogar in die Hände. Es ist, als ob sie uns sagen: ›Wir können jeden ins Gefängnis stecken, und es kostet uns nichts.‹ Die gleiche Arroganz sehen wir in den zahlreichen Fällen unmenschlicher Folter durch die FSB-Wächter des Regimes, denen es egal ist, dass ihre schändlichen Fälle öffentlich werden. Im Gegenteil, diese Fälle werden als eine Quelle des Stolzes zur Schau gestellt. Auf diese Weise zeigt der Staat seinen terroristischen Charakter, wie Anarchist*innen vor den letzten Präsidentschaftswahlen betonten, als sie mit dem Slogan ›Der FSB ist der Hauptterrorist‹ auf die Straße gingen. Heute ist das, was wir damals gesagt haben, nicht nur in unserem Land, sondern überall auf der Welt offensichtlich geworden. Jetzt sehen wir, wie die gesamte Außen- und Innenpolitik des Staates zum Fließband von Mord und Einschüchterung wird. Während meine Rechtfertigung des Terrorismus durch gefälschte Zeugen bewiesen wird, gibt es auf staatlichen Kanälen Aufrufe zum Massenmord an denjenigen, die mit der staatlichen Politik nicht einverstanden sind. Wir sehen, dass der Staat zwar mit Worten den Kampf gegen den Terrorismus proklamiert, in Wirklichkeit aber versucht, sein Monopol auf den Terror aufrechtzuerhalten.«

An Miftachow wird ein Exempel statuiert und es ist unwahrscheinlich, dass er noch einmal wirklich freigelassen wird, solange Putin und sein Regime in Russland an der Macht sind. Doch die Unterstützung für ihn bricht nicht ab. In seinen abschließenden Worten dankt er den vielen Unterstützer*innen, die ihm nicht nur aus Russland heraus Briefe ins Gefängnis geschickt, über seinen Fall in den Medien berichtet oder ihm bei seinen Gerichtsterminen Beistand geleistet haben. Er sagt dazu: »Es freut mich zu sehen, dass ich nicht der Einzige bin, der zum Objekt eurer Unterstützung geworden ist. Dass eure Solidarität trotz der schlimmen

Ereignisse der letzten Jahre keine territorialen Grenzen kennt. Das gibt mir Hoffnung auf eine gute Zukunft für uns alle.«

Der russische Staatsapparat hat seit 2018 der antiautoritären Linken den Kampf angesagt und tut alles dafür, dass der anarchistische Widerstand zerbricht. In einem Interview mit dem unabhängigen russischen Nachrichtenportal *Meduza* sagt ein Mitglied von *Volksselbstverteidigung*, dass die Behörden nicht nur gegen Personen hart durchgreifen, sondern auch gegen die anarchistische Idee selbst. Anarchismus fußt auf den Ideen der gegenseitigen Hilfe, Horizontalität und gelebten Solidarität und stellt damit eine Gefahr für ein autoritäres Regime dar, das sich durch eine Politik der Angst und einer Atomisierung der Gesellschaft aufrechterhält. Um gegen Aktivist*innen vorgehen zu können, fabrizieren die Behörden Straffälle, wo keine sind. Dies lohnt sich für die Mitarbeiter*innen von Polizei und FSB, denn je mehr und je schlimmer die Fälle, desto höher die Belohnung. Es ist kein Geheimnis, dass die Behörden nach einem vorgegebenen Plan handeln. Ein Interviewpartner erklärt das so: »Und falls nix in deiner Region passiert, was würdest du tun? Natürlich fälschen. In Russland sagen wir, sie machen den Plan, sie versuchen diesen Plan zu erfüllen.«

Delo Seti, oder: der Netzwerk-Fall

Es gibt noch einen fabrizierten Fall, ohne den sich die Geschichte der anarchistischen Bewegung in Russland nicht erzählen lässt und auf den sich Schlobizkij in seinem Manifest mutmaßlich bezog: *Delo Seti*, oder der ›Netzwerk-Fall‹. In dem Zeitraum von 2017 bis 2018 kam es zu mehreren Festnahmen in der anarchistischen Szene in Pensa und St. Petersburg. Den Festgenommenen wurde vorgeworfen, Teil eines anarchistischen Netzwerks mit dem Namen ›Netzwerk‹ gewesen zu sein, dass an einem anarchistischen Umsturz arbeite und Anschläge auf die Fußballweltmeisterschaft in Russland im Sommer 2018 plane. Die Verdächtigten wurden auf den Straßen oder am Flughafen praktisch entführt und unter dem Einsatz von Schlägen und Elektroschocks direkt zu Geständnissen gezwungen. Nach den Festnahmen in Gewahrsam ging die Folter weiter, um die Ausschmückungen der erzwungenen Geständnisse zu festigen. Insgesamt wurden zehn junge Männer zu Haftstrafen, zum Teil unter schärfsten Haftbedingungen, zwischen drei und 18 Jahren verurteilt: Dmitrij Ptschelinzew, Ilja Schakurskij, Andrej Tschernow, Maxim Iwankin, Michail Kulkow, Wasilij Kuksow, Arman Sagynbajew in Pensa und Julij Bojarschinov, Igor Schischkin und Wiktor Filinkow in St. Petersburg. Während einige vor Gericht aus pragmatischen Gründen für schuldig plädierten, bestritten andere ihre Involvierung in dem sogenannten Netzwerk. Tatsächlich gibt es keine Beweise, dass es dieses Netzwerk gegeben hat, geschweige denn, dass Anschläge geplant gewesen sein sollen: »Es gab kein Netzwerk. Überhaupt, es gab viele verschiedene Netzwerke. Aber die Organisation namens Netzwerk gab es nie«, erklärt mir ein Interviewpartner. Wiktor Filinkow fragt sich in seinem Schlussstatement vor Gericht daher verständlicherweise, wie man sich gegen eine Anklage verteidigen soll, die auf reiner Fantasie der FSB-Mitarbeiter*innen basiert.

Der Netzwerkfall stellt für Anarchist*innen eine Zäsur und ein Präzedenzfall dar, der deutlich macht, zu welcher Härte und Willkür das Regime im Kampf gegen sie bereit ist. Er hat aber auch gezeigt, wie wichtig Solidarität, Fürsorge und Beistand als Antwort auf diese Repressionen sind. Denn die Angeklagten bekommen aus der linken Szene viel Unterstützung. Fundraiser werden organisiert, um Geld für die Angehörigen der Angeklagten zu sammeln und Briefe mit solidarischen Grüßen in die Gefängnisse geschickt. Bei den Verhandlungen versammelten sich Freund*innen, Familie und Genoss*innen zur Unterstützung vor den Gerichtsgebäuden und sangen das Lied »Es geht vorbei« (»Eto proidjot«) der russischen, sich inzwischen im Ausland befindenden, Punkband *Pornofilmy*. In dem Song, den die Band 2020 herausbrachte, widmen sie mehrere Zeilen den Betroffenen des Netzwerk-Falls:

Das geht sicher vorbei!
Mit einem nassen Sack über deinem Kopf,
Mit Elektroschockwunden am Arm
Mein Russland sitzt im Gefängnis,
Aber vertrau mir ...
Das geht vorbei!

In was für einem schwarzen Jahrhundert leben wir
Aber in der Ferne sehe ich

> das vergessene Licht der lebenden Hoffnung, also glaube mir –
> es geht sicher vorbei!
>
> Wie das Hakenkreuz der russischen Welt,
> Wie die Feuer in den sibirischen Wäldern,
> Gefängnisstrafen für ehrliche Jungs aus Pensa und Petersburg,
> Ein Gefangenentransporter voll mit Kindern

Die Unterstützungskampagne wurde leider auch von schmerzhaften und düsteren Enthüllungen über drei der Angeklagten des Netzwerk-Falls begleitet. Im November 2019 gab das *Anarchist Black Cross* (ABC) in Moskau bekannt, die Unterstützung für Arman Sagynbajew zu beenden. Diese Entscheidung beruhte darauf, dass im selben Jahr Missbrauchsvorwürfe gegen Sagynbajew öffentlich gemacht wurden. Im Februar 2020 veröffentlichte dann das unabhängige Nachrichtenportal *Meduza* einen Artikel, in dem es über Mordanschuldigungen gegen Dmitrij Ptschelinzew und Maxim Iwankin berichtete. Ihnen wird vorgeworfen, 2017 Artjom Dorofejew und Katja Lewtschenko nach gemeinsamen Verwicklungen in Drogengeschäfte in einen Wald in Rjasan gelockt und sie dort umgebracht zu haben. Grundlage für den Artikel waren zum einen Ermittlungen von Bekannten anderer Angeklagter im Netzwerk-Fall, zum anderen das Geständnis des zu diesem Zeitpunkt bereits in die Ukraine geflohenen Alexej Poltawez. Seinen Angaben nach haben er und Iwankin die Morde auf Auftrag von Ptschelinzew ausgeführt. Nach dem Geständnis von Poltawez konnten die Leichen zunächst von Dorofejew und später auch jene von Lewtschenko gefunden werden. Im Januar 2024 wurde Iwankin des Doppelmordes vor Gericht für schuldig befunden und im Februar zu 24 Jahren Haft verurteilt, zusätzlich zu den 13 Jahren, die er im Netzwerk-Fall erhielt. Iwankin, der zunächst nach Erscheinen des *Meduza*-Artikels gestand, sagte vor Gericht aus, dass er dieses Geständnis unter erneuter Folter abgegeben hätte. Poltawez erschien nicht als Zeuge vor Gericht, seine Glaubwürdigkeit wird von einigen Menschen der anarchistischen Szene angezweifelt. Die Faktenlage rund um den Doppelmord an Dorofejew und Lewtschenko ist verworren und birgt viele Ungereimtheiten. Bis jetzt ist nicht sicher, wer die beiden aus welchem Grund umgebracht hat. Nachdem sowohl Ptschelinzew als auch Iwankin nicht auf die Fragen von *ABC Moskau* zu den Morden antworten wollten, wurde die Unterstützungsarbeit auch für diese beiden Verurteilten eingestellt. Ein Interviewpartner resümiert: »Der Fall ist ein sehr dunkler Ort für die Bewegung. Niemand weiß wirklich, was passiert ist.«

Nach der erneuten Festnahme und Verurteilung von Azat Miftachow 2023/24 mehren sich nun die Befürchtungen, er könne ebenfalls mit dem Netzwerk-Fall in Verbindung gebracht werden, in dem ihm zum Beispiel die Gründung einer Moskauer Zelle des Netzwerks untergeschoben wird. Wie die Gruppe *Volksselbstverteidigung* bietet der Netzwerk-Fall den Behörden genug Möglichkeiten, Anarchist*innen durch irgendwelche erfundenen Anklagen hinter Gitter zu bringen.

Die Fälle um das angebliche Netzwerk oder Azat Miftachow sind nur zwei der international bekannteren. Anarchist*innen sehen sich in ganz Russland tagtäglich mit Gewalt und Willkür konfrontiert. Viele Anarchist*innen erlebten bereits vor dem Krieg Inhaftierung, Entführungen, Überwachung, Gewalt und Bedrohung. Wenn die Behörden die gesuchten Anarchist*innen nicht zu fassen bekommen, bedrohen sie deren Familien und Angehörige. Dieses Ausmaß an Repression kann für Angst und Schmerz sorgen. Der Druck wird für manche zu groß. So auch für einen Interviewpartner. Für ihn ist klar, dass die Idee nicht wichtiger sein kann als ein Mensch. »Wenn meiner Mutter was passiert, könnte ich mir das nicht verzeihen. Wer hat den *Revolutionären Katechismus* geschrieben? Netschajew, der russische Revolutionär, ich glaube, das hat er geschrieben: ›Revolution ist leicht, wenn du allein bist.‹ Ich bin nicht allein. Die Politik der Angst hat funktioniert.« Daher zog er sich schon vor der vollständigen Invasion vom Aktivismus zurück und wählte den Weg des Journalismus, um durch Reportagen über die Bewegung und Repressionen einen Teil zum anarchistischen Kampf beitragen zu können. Eine andere Interviewpartnerin hat sich nach den ersten erlebten Repressionen ebenfalls dafür entschieden, sich vom Aktivismus zurückzuziehen und sich stattdessen der Menschenrechtsarbeit zu widmen:

> »Die erste Repression in meinem Leben, als mein Freund entführt wurde, war beängstigend. Und bei den nächsten ist es so, dass man keine Angst mehr hat, man fängt einfach an, etwas zu tun. Du arbeitest einfach, du weißt, dass du einen Anwalt finden musst, Geld auftreiben musst, zu den Medien gehen

> musst, und das ist Arbeit. Der Kampf gegen Repression ist eine erworbene Fähigkeit. Irgendwann wurde es also normal.«

Die Anarchist*innen schafften es trotz der verschärften Repressionen, der Verfolgung und Willkür, weiter Veranstaltungen zu organisieren. In den Zentren der anarchistischen Szene, wie Irkutsk, Moskau oder St. Petersburg schufen sie sich »kleine Inseln der Freiheit inmitten der russischen Hölle«, wie es eine Interviewpartnerin ausdrückte. In diesen Räumen organisierten sie Lesungen und Diskussionen sowie kostenlose Bibliotheken und Essen. In Orten wie Irkutsk, in denen sich das Repressionsniveau zumindest vor dem 24. Februar 2022 im Vergleich zu Zentralrussland auf einem vergleichsweise niedrigen Stand hielt, konnten diese Räume und Veranstaltungen noch offen als anarchistisch bezeichnet werden. In Moskau oder St. Petersburg mussten die Anarchist*innen jedoch vorsichtiger werden. Veranstaltungen nicht dezidiert als anarchistisch zu bezeichnen, sorgte zum einen für mehr Schutz vor den Sicherheitsbehörden, zum anderen wurde so ein Zugang zu anarchistischen Räumen für Menschen geschaffen, die zuvor noch wenig Berührungspunkte mit Anarchismus hatten. Eine Interviewpartnerin erklärt das so:

> »Und davor, bevor der Krieg begann und bevor ich Russland verließ, was vor Kurzem war, haben meine Freund*innen und ich eine Art Kultur der Unterstützung für Gefangene und horizontale Verbindungen zwischen den Menschen auf unseren eigenen Veranstaltungen geschaffen. Und das war nicht nur für Anarchist*innen. Wir wollten zeigen, wie anarchistische Prinzipien funktionieren und das Interesse der Leute wecken, ohne ihnen zu sagen, dass es sich um Anarchismus handelt. Und deshalb gefiel es den Leuten und sie fühlten sich wohl dabei. Das Wort Anarchismus selbst wird in Russland eher negativ wahrgenommen.«

Im Januar 2021 wurde der prominente Oppositionelle Aleksej Nawalny direkt nach seiner Rückkehr nach Russland verhaftet. Die Monate zuvor hat er in Deutschland verbracht, um sich dort nach einem Giftanschlag, der auf ihn im August 2020 verübt wurde, behandeln zu lassen. Am 16. Februar 2024 verstarb Nawalny an den harten und brutalen Haftbedingungen. Seine Verhaftung im Jahr 2021 hat landesweit Proteste ausgelöst, an denen sich insgesamt ungefähr 200.000 Menschen beteiligt haben. Doch protestierten die Menschen nicht nur in Solidarität mit Nawalny. Die Menschen versammelten sich gegen Putin auf der Straße. Und dennoch konnten diese Proteste keine Chance haben, wie Rastorgueva schreibt. Sie betont, dass auch wenn 200.000 Menschen viel klingen, dies nur 0,14 % der Gesamtbevölkerung Russlands sind. Dem gegenüber stünden 2,6 Millionen Russ*innen, die in den Sicherheitsbehörden arbeiten und fast ein Drittel des Gesamthaushaltes, das in eben jene fließt. Und diese gut ausgestatteten Sicherheitsdienste griffen auch bei diesen Protesten hart durch: Mehrere Tausend Menschen wurden während der Proteste und in den nachfolgenden Monaten festgenommen. Und dabei sollte es nicht bleiben. In Moskau wird im Jahr 2021 die öffentliche Überwachung weiter ausgebaut, Scharfschütz*innen sollen bei öffentlichen Veranstaltungen eingesetzt werden können und den von Folter betroffenen Menschen in den Gefängnissen wird es verboten, über die erlebten Misshandlungen zu sprechen. Im Jahr 2021 bereitet sich der russische Staatsapparat auf die Invasion in die Ukraine, die in den frühen Morgenstunden des 24. Februars 2022 folgte, vor: Es wurde alles getan, um eine mögliche, wie Rastorgueva es nennt, »Verwestlichung« des öffentlichen und privaten Lebens zu bekämpfen und die Repressionen wurden massiv verschärft. Auch inhaltlich bereitet Putin die Invasion vor: In einem Gastbeitrag in der deutschen Zeitung *Die Zeit* im Juni 2021 verbreitete Putin die Verschwörungserzählung eines von den USA orchestrierten verfassungswidrigen Staatsreiches in der Ukraine 2014. Nur einen Monat später beschwor er in einem offiziellen Beitrag auf der Internetseite des Präsidenten die angeblich historisch begründete Einheit Russlands, der Ukraine und Belarus.

Ein neuer alter Bruch: Russlands Angriff auf die Ukraine und seine Bedeutung für Anarchist*innen ...

Der Widerstand der Anarchist*innen zieht sich wie ein roter Faden durch Umbrüche und Epochen der Geschichte Russlands. Den Kampf gegen Herrschaft und Unterdrückung und für eine befreite Gesellschaft führen sie auch nach der russischen Invasion in die Ukraine fort. Um zu verstehen, was Anarchist*innen innerhalb und außerhalb Russlands antreibt, habe ich sie danach gefragt, was Anarchismus und anarchistische Praxis für sie bedeutet. So erklärt mir eine Interviewpartnerin:

> »Vielleicht möchte ich noch hinzufügen, dass der Anarchismus Teil des Lebens werden kann, auch wenn eine Revolution unmöglich ist. Er ist eine Beziehung zur Macht, eine Arbeitsbeziehung. Das heißt, sich horizontal zu organisieren. Das ist eine gute Erfahrung, es ist großartig. Und Anarchismus gibt dir eine Basis für ständige Diskussionen und die Möglichkeit, immer etwas Neues zu erfinden. Und er gibt dir auch vertraute und unbekannte Verbündete auf der ganzen Welt. So geht man nirgendwo verloren. Und man weiß, dass nichts Schlimmes passieren wird, denn eine zersplitterte Gemeinschaft bringt etwas Gutes zusammen.«

Für einen anderen Interviewpartner ist Anarchismus »eine Idealvorstellung einer Gesellschaft, die ich gerne eines Tages existieren sehen würde. Das ist eine Gesellschaft ohne Herrschaft, das heißt ohne Menschen, die Macht über andere Menschen haben, ohne Hierarchie und ohne Trennungen, wo die Menschen selbst entscheiden, wie sie leben und horizontal interagieren«. Sein Aktivismus, so sagt er weiter, richte sich darauf aus, Gemeinschaften zu schaffen, in denen diese Ideale verwirklicht und gelebt werden. Für eine andere Interviewpartnerin besteht der Anarchismus selbst in eben jenen Gruppen, die sich »in einer großen, beängstigenden Welt« befinden, »die zusammenarbeiten, sich vereinigen, sich gegenseitig unterstützen. Die versuchen, andere zu unterstützen und ihr Leben, ihre Arbeit, ihren Aktivismus auf horizontalen Prinzipien aufzubauen und zu lernen, gegen die Probleme der Macht zu kämpfen, sogar innerhalb dieser kleinen Gemeinschaften«. Anarchismus ist eben eine Lebensweise oder, wie ein anderer Anarchist es ausdrückt, »die Antwort auf die meiner Meinung nach wichtigste Frage jeder revolutionären Bewegung: ›Wie leben wir unser Leben?‹«.

Die Anarchist*innen, mit denen ich sprechen konnte, verfolgen diverse Aktivitäten, leben an verschiedenen Orten und sind mit unterschiedlichen politischen und sozialen Realitäten konfrontiert. Sie eint jedoch die tiefe Identifizierung mit Werten, die ihre anarchistische Position begründen. Das Recht auf individuelle und kollektive Freiheit und Selbstbestimmung, Föderalismus und Dezentralität sowie die freiwillige gegenseitige Hilfe und Kooperation sind für sie nicht bloß theoretisch-abstrakte Konzepte, sondern werden zum Grundsatz ihrer vielfältigen Praxis, die, so eine Interviewpartnerin, »parallel zu den Werten des Kapitalismus und des Patriarchats existiert und diese ersetzen kann«.

Anarchismus wird für sie zur Identität. Ein Interviewpartner erklärte mir: »Anarchismus ist generell ein großer Teil meiner Identität: ein Anarchist sein, politisch aktiv sein oder zu versuchen, meine Handlung in die Welt zurückzutragen. Weil ... alles wird immer verrückter. All das, was andere sehen, der ganze Scheiß, ich will mir das nicht nur ansehen. Ich will es verändern.« Für eine andere anarchistische Gruppe folgt daraus, sich selbst über den eigenen Handlungsspielraum bewusst zu werden: »Anarchist*in zu sein bedeutet für uns, kein*e passive*r Beobachter*in zu sein, sondern Verantwortung für deine eigenen Handlungen und die Welt um dich herum zu übernehmen. Denk nicht, dass jemand anderes ›es besser weiß‹ und die Probleme löst, die Gesellschaft und dein Leben statt dir regiert.« Die anarchistische Praxis wird so zu einer aktiven und gestaltenden Lebensweise. Eben jene Gruppe führt weiter aus:

> »Anarchismus ist Freiheit. Aber Freiheit braucht Verantwortung. Deshalb musst du Ungerechtigkeiten bekämpfen, wenn du sie siehst. Unser Aktivismus ist unser Leben und unser Leben ist unser anarchistischer Aktivismus, wir trennen das nicht. Bei allem, was wir tun, wägen wir ab, wie es unseren Aktivismus beeinflusst und ob es hilft, Anarchismus zu erreichen oder nicht. Denn Anarchismus ist der höchste Wert für uns und wir müssen alles tun, um ihn zu erreichen.«

Um zu einer anarchistischen Gesellschaft zu gelangen, brauche es »grundlegende Veränderungen im Menschen und Handeln. Anarchismus zielt also auch auf eine ernsthafte, radikale Umstrukturierung der Gesellschaft ab«. Für eine weitere Interviewpartnerin bezieht sich die Frage danach, was Anarchie und Anarchismus sind, nicht auf irgendeinen »Punkt in der Zukunft. Diese perfekte Gesellschaft, Anarchie, ist eher eine Art zu denken. Es setzt also nicht ein bestimmtes Ziel. Es geht vielmehr darum, was wir jetzt tun müssen, um es besser zu machen. Das ist wie die Asymptote in der Mathematik, du kommst der Achse immer näher, aber kreuzt sie nie. Du verfolgst also immer das Ziel einer Gesellschaft ohne Hierarchie«. Anarchismus und anarchistische Praxis erscheinen in dieser Perspektive als Präfiguration, als Vision und Vorstellung einer herrschaftsfreien und horizontalen Gesellschaft, die die Anarchist*innen versuchen durch und in ihrer alltägliche Praxis umzusetzen. Sie sagt weiter: »Anarchismus ist die einzige Idee, die mir Hoffnung gab. Die einzige, die mir Hoffnung gibt. Mir die Liebe für die Menschen gibt und mich darüber nachdenken lässt, einen Sinn zu finden. Warum sollen wir für die Menschheit kämpfen? Weil wir dazu fähig sind. Wir sind fähig zu gegenseitiger Hilfe und das inspiriert mich.«

Mit der Realität in Russland konfrontiert kommt ein anderer Anarchist zu dem Schluss, dass

> »in Russland die Hauptaufgabe für Anarchisten natürlich darin besteht, Putins Regime zu stürzen, denn Putins Regime ist viel schlimmer als, sagen wir mal, die europäischen Regime oder das ukrainische Regime, es unterdrückt die Freiheiten der Menschen viel stärker. Und es stellt sich heraus, dass je härter das Regime ist, desto weiter ist es vom Anarchismus entfernt, richtig? Das erste Hindernis ist also Putins Regime. Deshalb bemühen sich Anarchist*innen in Russland und solche, die Russland verlassen haben, aber weiterhin am Kampf derjenigen in Russland teilnehmen, zuallererst darum, alles zu tun, was zum Zusammenbruch von Putins Regime führen könnte.«

… in Russland

Vor dem offiziellen Einmarsch russischer Truppen in die Ukraine konnte sich die Bevölkerung einer gewissen Stabilität und Ruhe sicher sein, solange sie sich dafür aus der Politik raushielt und Einschränkungen in ihren Freiheiten in Kauf nahm. Doch am 24. Februar 2022, mit der vollumfänglichen Ausweitung des Krieges, den das russische Regime bereits seit 2014 gegen die Ukraine führt, änderte sich dieser Gesellschaftsvertrag. Denn seitdem gilt es, die Bevölkerung nicht mehr politisch zu demobilisieren, sondern sie aktiv für den Krieg zu mobilisieren. Putin und sein Machtapparat sind auf die Unterstützung der Bevölkerung angewiesen. Die Kriegspropaganda, die bereits seit 2014 vorbereitet und verbreitet wird, dringt nun immer weiter in die Schulen, die Universitäten, die Behörden und in die Kirche ein. Kein Bereich des gesellschaftlichen Lebens wird ausgelassen. Und in den offiziellen Staatsmedien wird vor laufender Kamera munter und ohne Scham von Nuklearangriffen auf den Gegner fantasiert und die Entukrainisierung der Ukraine herbeigesehnt. Die Journalistin Sabine Adler stellt daher fest: »Das Ja zur ›militärischen Spezialoperation‹ ist eine lange, durch die Propaganda und die totale Informationskontrolle verinnerlichte Haltung. Es handelt sich um einen totalitären Konsens, auf den über Jahre hingearbeitet wurde.« Gleichzeitig kann jegliche Kritik dank neuer repressiver Gesetze, wie denen über Terrorverherrlichung, Sabotage, Verrat gegen den Staat und Falschinformationen über die Armee, viele Jahre Straflager nach sich ziehen. Der Kampf Putins gegen die inneren und äußeren Feinde spiegelt sich in Wellen ablaufendenden Verboten unliebsamer NGOs, dem Verbot der Transition von trans Menschen und der Einstufung einer angeblichen LGBT-Bewegung als extremistisch wider. Insbesondere die letzten beiden Gesetze führen zu einer weiteren Gewalteskalation gegen queere Menschen sowie ihre Räume und Veranstaltungen. Dass sich Russland von einem autoritären Regime in ein totalitäres verwandelt, wird von vielen Osteuropawissenschaftler*innen beobachtet. Auch eine Interviewpartnerin sieht diese Gefahr: »Gerade sagt der Staat, wenn du dich einmischst, werden wir dich hart bestrafen. Je schlimmer die Situation wird, desto härter wird die Bestrafung. Manche vermuten, dass sich Russland in einen totalitären Staat verwandelt, wie in ›Wir wollen, dass du dich einmischst, um uns zu unterstützen. Wenn du uns nicht unterstützt, bestrafen wir dich hart.‹«

Trotz alledem haben sich Menschen zu Protesten zusammengefunden oder in Einzelaktionen ihren Unmut über den russischen Krieg gegen die Ukraine kundgetan. 2022 gab es laut *OVD-Info* 20467 politisch motivierte Festnahmen, sowohl nach Kundgebungen und Protestaktionen als auch aufgrund von Posts in den sozialen Medien oder nach einfachen Unterhaltungen. Inhaltlich bezogen sich die Proteste allerdings nicht nur auf den Krieg, sondern auch auf Umweltthemen, Arbeiter*innenrechte, Korruption, Unterstützung von Oppositionspolitiker*innen wie Alexej Nawalny und auf die Rechte queerer Menschen. Auch Anarchist*innen beteiligten sich in ganz Russland an Protestaktionen, wie zum Beispiel in Moskau, Perm, Irkutsk und Nowosibirsk. Der russische Einmarsch in die Ukraine und die Frage, wie dazu eine anarchistische Position aussehen kann, hat zu einer erneuten Spaltungslinie geführt: Auf der einen Seite, so schreibt es der Osteuropawissenschaftler Ewgeniy Kasakow, stehen jene, die den Krieg als einen Kampf um kapitalistische Interessen und Macht ansehen, in dem für Anarchist*innen keine Seite zu unterstützen wäre. So beruft sich zum Beispiel die KRAS auf das anarchistische Prinzip des Antimilitarismus und ruft die arbeitende Bevölkerung in Russland und der Ukraine dazu auf, nicht zu kämpfen und die Kämpfenden auch nicht zu unterstützen. Für sie gibt es in diesem Krieg nicht das »geringere Böse«. Daher werfen sie jenen, die dies behaupten, das Vergessen ihrer anarchistischen Prinzipien vor.

Demgegenüber stehen solche anarchistischen Gruppen, die sich der Antikriegsaktion und der Unterstützung ihrer kämpfenden Genoss*innen in der Ukraine verschrieben haben. Gruppen wie *Autonome Aktion* benennen den Krieg deutlich als einen Akt »imperialistischer Aggression durch Russland«. Auch wenn sie sich von der Ukraine als Staat keine Illusionen machen, so ginge es doch Russland bei diesem Krieg darum, von innenpolitischen Problemen abzulenken und die *russische Welt* zu vergrößern. Daher kann in ihren Augen hier nicht von zwei gleichwertigen Bösen gesprochen werden. Dem schließt sich auch die *Bewegung der Anarchist*innen Irkutsk* (Dwischenie Irkutskich Anarchist*ok, DIAna) an. In ihrem Statement, das sie zum zweiten Jahrestag des russischen Angriffs veröffentlichten, schreiben sie von der Relevanz eines Austausches mit den Genoss*innen in der Ukraine, um ihre Entscheidungen verstehen und beurteilen zu können. Für die Anarchist*innen in der Ukraine, so schreiben sie, ginge es um das individuelle und politische Überleben. Daher stehe eine generelle antimilitaristische Haltung nicht im Gegensatz zu einer Verteidigung gegen die russische Invasion. Sie schreiben:

> »Für uns ist dieser Krieg ein imperialistischer Krieg. Der russische Staat basiert auf Eroberungskriegen, Großmachtsmythen, der Kolonisierung riesiger Gebiete und dem Völkermord an indigenen Völkern. Man braucht sich nur die russische Propaganda anzuschauen, um zu erkennen, dass die ukrainischen Menschen für ihre Subjektivität, wenn nicht gar für ihr Existenzrecht kämpfen. Die russische Welt wird Armut und Zerstörung, Fremdenfeindlichkeit und polizeiliche Gesetzlosigkeit mit sich bringen, deren Ausmaß mit keinem anderen Land in Europa, einschließlich der Ukraine, vergleichbar ist. So leben schon jetzt viele Russ*innen und die Bewohner*innen der von Russland besetzten Gebiete. Der wahre Internationalismus besteht jetzt darin, die ukrainischen Menschen angesichts der russischen Aggression zu unterstützen.«

Kamerad*innenschaft und gegenseitige Hilfe seien nicht nur wichtig, um sich jetzt gegen den Krieg zu stellen, sondern sich auch auf weitere, aufgrund der multiplen Krisen unvermeidliche Kriege und Konflikte, vorzubereiten. Wie Anarchist*innen versuchen, angesichts der harten Repressionen trotzdem ihre anarchistischen Werte zu leben und ihre Aktivitäten weiter durchzuführen, erzählen die folgenden Berichte.

Essen statt Bomben

In jungen Jahren war Sophia noch keine Anarchistin. Ganz im Gegenteil: Sie beschreibt sich selbst als zu dieser Zeit christlich, konservativ, homophob. Ihre allgemeine Bildung bezog sie vor allem aus dem Staatsfernsehen, das die meiste Zeit des Tages zu Hause lief. Zwar war die Propaganda, die im Fernsehen damals vermittelt wurde, noch nicht so aggressiv, wie sie es heute ist, dennoch verfolgten die Inhalte eine bestimmte Agenda. Mit dem Wort ›Anarchismus‹ verband sie damals nur so etwas Negatives wie Chaos. Nach der Trennung ihrer Eltern schaute sie weniger Fernsehen. Als ihre Schwester für das Politikstudium in eine größere Stadt zog, kam mit ihr auch kritische Lektüre ins Haus. Sophia und ihre Mutter fingen an, oppositionelle Zeitungen zu lesen und die politische Situation mehr zu hinterfragen. Zum Zeitpunkt ihres Schulabgangs war Sophia, wie sie sagt, bereits recht oppositionell eingestellt. Ihre politische Entwicklung kann sie heute an einem Test über politische Einstellungen, den sie über das russische soziale Netzwerk VKontakte machte, nachvollziehen:

> »Da ist dieser Test mit politischen Koordinaten. Ich hab' einen VKontakte-Account seitdem ich zehn bin. Und ich erinnere mich, ich habe diesen Test jedes Jahr gemacht, wie ein Hobby. Ich dachte, es wäre ein Spaß. Aber tatsächlich ist es interessant, weil ich dem keine wirkliche Beachtung geschenkt habe. Aber wenn ich jetzt zurückgehe und mir meine alten Ergebnisse anschaue, kann ich sehen, wie ich mich immer weiter und weiter nach links bewege.«

Eine richtige Vorstellung von Politik hatte sie allerdings zu diesem Zeitpunkt noch nicht so wirklich. Sie fühlte sich zwischen dem linken und rechten Spektrum gefangen. »Wenn man in Russland über linke Ideen redet, dann geht es immer um ›Tankies‹, also Kommunist*innen, Menschen, die einfach wirklich die Sowjetunion verehren, und das rechte Camp ist mehr für die, die Liberalismus, Kapitalismus und sowas alles unterstützen.« Weder die Sowjetnostalgie noch die Unterstützung der »seltsamen quasi rechten Oligarchie« Russlands sprachen sie an. »Und ich dachte, was bin ich, wenn ich nicht im linken und auch nicht im rechten Camp bin?«

Von Anarchismus hat sie zum ersten Mal während ihres Biologiestudiums im Corona-Lockdown erfahren. Sie war alleine in ihrer Wohnung und hat ihre Zeit mit Lesen verbracht. Ihrem plötzlich erwachten Interesse für Philosophie und vor allem Ethik folgend, bestellte sie sich verschiedene Bücher, unter anderem auch eines von Pjotr Kropotkin. Den Namen hatte sie zwar schon einmal gehört, hatte aber keine Vorstellung von seinen Ideen. Sein Buch *Ethik* stellte Sophias Leben auf den Kopf: »Als ich Kropotkin gelesen habe, der ebenfalls Biologe war und als erstes auf die gegenseitige Hilfe bei Tieren aufmerksam gemacht hat, habe ich mich wirklich gehört gefühlt. Ich habe festgestellt, dass alles, was ich vorher gesehen habe, was ich vorher instinktiv gefühlt habe, wahr und eine valide wissenschaftliche Theorie ist.« Sie fängt an, weitere anarchistische Klassiker zu lesen: Michail Bakunin, Emma Goldman, David Graeber, Lew Tolstoi. Sie beschäftigte sich mit unterschiedlichen anarchistischen Ansätzen und kommt für sich zu dem Schluss, dass ›Anarchismus‹ ein überordnender Begriff ist, der die verschiedenen Strömungen zusammenbringt.

Sophia beschreibt diese Zeit als augenöffnend und wunderbar. Sie hat das erste Mal das Gefühl, zu einer Community zu gehören. Doch zu dieser Zeit war es bereits sehr schwer für die Opposition in Russland. Es war die Zeit von Nawalnys Vergiftung und erneuter Verhaftung nach seiner Rückkehr.

> »Zu dem Zeitpunkt, als ich realisiert habe, was Anarchismus ist, war das alles schon niedergetrampelt. All die bekannten Gesichter, die zu der Bewegung beigetragen haben, waren im Gefängnis oder tot. Ein generelles Gefühl der Apathie hat sich in Russland breitgemacht. Ich konnte keine signifikante politische Bewegung sehen. So war da ein generelles Gefühl der Hoffnungslosigkeit.«

Sophia dachte darüber nach auszuwandern, nicht nur wegen der politischen Situation in Russland, sondern auch wegen der akademischen Möglichkeiten. Ihr Traum ist es, in der Forschung zu bleiben, doch diese könne nur durch internationalen Austausch und Wissenschaftsfreiheit funktionieren – zwei Dinge, die in Russland nicht mehr gegeben sind. Dann kam der 24. Februar und ihr geplantes Praktikum in Frankreich wurde abgesagt. Auch nach Italien konnte sie nun nicht mehr gehen. Ihre lang gehegte Hoffnung auf eine Zukunft im Ausland wurde auf einmal zerstört. Und für sie wurde klar, dass sie etwas tun musste und nicht mehr still zu Hause verharren konnte. So kam sie mit *Food not Bombs* (FNB) in Kontakt. Ohne jegliche vorherige Erfahrung mit anarchistischer Praxis hatte sie das Gefühl, dass diese Gruppe der perfekte Start sein könnte. Also schrieb sie ihnen und wurde Mitglied.

Ihre Gruppe trifft sich einmal in der Woche. Sie kochen gemeinsam in der von ihnen genutzten Wohnung. Dann bringen sie das Essen zum

Ausgabeplatz und verteilen es an wohnungslose Menschen. Anschließend bringen sie das Geschirr zurück und waschen es ab. »Meistens helfe ich beim Verteilen des Essens und dann gehe ich zurück und wasche das Geschirr ab, weil das von allen der am wenigsten beliebte Teil ist. Also nehme ich das normalerweise auf mich.« Sophia gefällt die Arbeit bei FNB. Die direkte Solidarität und Interaktion mit den wohnungslosen Menschen bedeuten ihr sehr viel. Zudem hat sich für Sophia der Zugang zu einer neuen Kultur geöffnet: Sie trifft auf Menschen, die sie nicht wegen ihrer politischen Ideen lächerlich machen, sondern selbst spannende Überzeugungen haben und sie respektieren. Die Gruppe arbeitet nach dem Konsensprinzip: Probleme werden so lange ausdiskutiert, bis ein Kompromiss gefunden wird. Dabei werden alle Gefühle und Sorgen ernst genommen. Für Sophia ist das eine große Inspiration.

> »Wir kämpfen für Freiheit so gut wie wir nur können. Und wenn wir nicht für Freiheit kämpfen können, dann kämpfen wir zumindest für Frieden und wir versuchen den Menschen zu helfen. Und einfach nicht das Prinzip der direkten Aktion zu verlieren. Etwas zu tun ist besser als nichts zu tun. Und FNB ist für uns alle ein großer Fels in der Brandung, etwas, das uns viel Unterstützung gibt. Diesen einen Tag in der Woche gehst du los und machst das. Wir haben immer noch ein bisschen Hoffnung übrig.«

Die offizielle Ausweitung des russischen Krieges gegen die Ukraine hat nicht nur in Sophia das Bedürfnis geweckt, aktiv zu werden. Mit ihr haben sich an die zehn weitere junge Menschen angeschlossen. Auch sie hatten bisher keine Erfahrungen mit anarchistischer Praxis, aber wollten etwas gegen das Gefühl der Hilflosigkeit tun. So kam bei der Gruppe die Überlegung auf, noch einen weiteren Ausgabeplatz zu eröffnen und ihre Präsenz in den sozialen Medien weiter auszubauen. Zur Zeit der Mobilisierung im September und Oktober 2022 waren es *Food not Bombs*, die über soziale Medien auf die Rekrutierung wohnungsloser Menschen für den Kriegseinsatz aufmerksam machten. Polizist*innen kamen zu einer Anlaufstelle in Moskau und nahmen Männern im wehrfähigen Alter die Pässe weg. Sie wurden anschließend in Busse verladen und auf eine Polizeistation verschleppt. Dass gerade wohnungslose Menschen für den Krieg gegen die Ukraine rekrutiert werden, ist kein Zufall. So sagt ein

Mann im Interview mit FNB: »Sie wissen, dass sich niemand für die Obdachlosen einsetzen wird.«

Neben der Essensausgabe verteilt die Gruppe außerdem Flugblätter und organisiert libertäre Abende und Treffen. Darüber hat Sophia Räume in der Stadt kennengelernt, in denen noch anarchistische Aktivitäten existieren. Dort finden Vorträge und Konzerte statt. Die Menschen kommen dorthin, um politische Musik zu hören oder zu machen und in Büchern zu lesen. Eines der Treffen, das ihre Gruppe dort organisierte, wurde von der Polizei gestürmt. Sophia selbst war an diesem Abend nicht dabei, weil sie lernen musste. Ihre Genoss*innen wurden über sechs Stunden auf der Polizeistation festgehalten und geschlagen. Am Ende sind sie zwar mit einer Geldstrafe und ohne Gefängnisaufenthalt davongekommen, dennoch war die Repression und die Gewalt ein Schock. Den Anarchist*innen wurde auf der Wache offen gedroht, die Polizei würde die gesamte Opposition zerschlagen. »Das ist ihr Ziel. Sie verstecken es noch nicht mal. Es ist ihnen egal, was für Ideen du nach außen trägst. Alles, was die Regierung in irgendeiner Art gefährden könnte, muss unterdrückt werden. Es ist eine ziemlich albtraumhafte Atmosphäre hier«, erklärt mir Sophia im Interview. Die Gruppe musste Konsequenzen ziehen, um die Sicherheit ihrer Mitglieder so gut es geht gewähren zu können:

> »Ich erinnere mich, da war dieses leichte Gefühl der Panik bei FNB, weil wir nicht wussten, wie wir weitermachen sollten. Ist da eine Chance, dass wir weitermachen können? Welche Sicherheitsvorkehrungen müssen wir treffen? Wir haben aufgehört, unseren Kanal bei Telegram zu verwenden. Für eine Weile sind wir untergetaucht. Aber schließlich haben wir uns dazu entschieden, weiterzumachen wie sonst auch, und nötige Vorkehrungen zu treffen. Wir nutzen anonyme Messenger und unterschiedliche Kommunikationswege, die sicher sind. Ich bin froh, dass wir fähig sind, weiterzumachen. Es ist wirklich wie die Situation von Sisyphos. Du rollst den Felsen den Berg rauf und hoffst, dass er nicht wieder runterrollen wird. Aber wir fühlen, dass, wenn wir aufgeben, ein schlimmeres Schicksal als der Tod droht.«

Inzwischen konnte Sophia Russland verlassen und weiter ihren Traum in der Forschung verfolgen. Ihre anarchistischen Ideale hat sie dabei mitgenommen.

Im Partisan*innenkampf gegen den Krieg

Innerhalb Russlands kommt es seit dem offiziellen Krieg gegen die Ukraine immer wieder zu Angriffen mit Molotow-Cocktails auf Rekrutierungsbüros oder zu Sabotageakten an Schienen, auf denen kriegsrelevante Güter transportiert werden. Zu einigen dieser Aktionen bekannte sich die Gruppe *Kampforganisation der Anarcho-Kommunist*innen* (Bojewaja Organisazija Anarcho-Kommunistow, BOAK) auf ihrem Telegramkanal. Die Gruppe wurde bereits vor sechs Jahren von erfahrenen Anarchist*innen gegründet.

Ihr Ziel ist eine Revolution im Sinne des Anarcho-Kommunismus. Die Wirtschaft soll dezentral organisiert werden und in den Händen der Arbeiter*innen liegen. In ihrer Vorstellung sehen sie sich in der Tradition früherer anarcho-kommunistischer Gruppen wie dem *Schwarzen Banner*. Bevor eine solche Revolution möglich sei, müsse jedoch der Krieg gestoppt werden: »Russlands Niederlage wird das Fenster der Möglichkeiten für die Menschen öffnen, ihre Rechte wiederzubekommen.« Diese Niederlage wollen sie durch Attacken auf Einrichtungen und Strukturen von Militär und Polizei unterstützen. Außerdem wollen sie Informationen über Anarchismus, aber auch über Taktiken der Anarcho-Partisan*innen verbreiten, damit sich noch mehr Menschen anschließen können. Doch stehen sie mit diesen Zielen und Aufgaben einem System gegenüber, das sich als äußerst widerstandsfähig erwiesen hat:

> »Wir haben gesehen, dass Russland intern den Versuch eines Militärputsches und extern ukrainische militärische Fortschritte überlebt hat und – bisher – noch nicht an den Sanktionen gestorben ist. Es scheint, als wäre das System stabiler und hätte mehr interne Ressourcen als gedacht, um sich am Leben zu erhalten. Wir müssen für einen längeren Kampf bereit sein, unsere Ressourcen schonen und sie vermehren.«

Mit Blick auf das aufständische Potenzial der Gesellschaft in Russland sehen sie sowohl Probleme als auch Chancen. Dass Putins persönliche Widersacher wie Nawalny oder Jewgeni Wiktorowitsch Prigoschin, der Anführer der berüchtigten Söldnergruppe Wagner, umgebracht werden – auch wenn Putin diesen Umstand abstreitet –, sorge für eine Atmosphäre der Angst. Dies verschärfe laut BOAK aber auch die Widersprüche innerhalb der Gesellschaft. Gerade der Mord an Prigoschin hätte den Menschen gezeigt, dass dem Wort Putins kein Glaube zu schenken sei: »Und wenn du gegen ihn bist, musst du es bis zum Ende durchziehen. Und die Tötung von Nawalny hat das Fenster sogar für diejenigen geschlossen, die noch an die Möglichkeit eines Wandels Russlands durch Wahlen und friedliche Methoden geglaubt haben.« Eine Chance sieht BOAK auch in den Angehörigen der Soldat*innen. Während des Tschetschenienkrieges war das *Komitee der Soldatenmütter* eine wichtige Kraft in der Gesellschaft. Damals wie heute, so BOAK, wurden und werden die Soldat*innen betrogen und zum sinnlosen Sterben geschickt. »Wenn die Soldat*innen und ihre Angehörigen beginnen, das zu verstehen, ist das sehr schlecht für den Staat.« BOAK bezieht sich hierbei auf das revolutionäre Potenzial, dass die Soldat*innen auch in der Revolution 1917 darstellten. Diese Unzufriedenheit könnte auch durch das Sinken des Lebensstandards in Russland verstärkt werden: »Das bedeutet nicht, das jetzt (oder morgen) wir eine breite militante Anti-Putin-Bewegung haben. Aber es macht die Menschen offen für diese Möglichkeit.«

Bis dahin machen die Mitglieder von BOAK mit ihren Aktionen weiter. Dabei versuchen sie, so vorsichtig wie möglich zu sein. Ihre Aktionen plant BOAK sehr genau: Die Ziele müssen gut angreifbar sein und Aufmerksamkeit erregen. Es gibt immer eine koordinierende und eine ausführende Person. Zusätzlich befinden sich mehrere Personen auf Wachposten, um die Sicherheit zu garantieren. Außerdem nutzen sie nicht ihre Telefone, treffen sich in Wäldern, verdecken ihre Gesichter, wechseln ihre Kleidung während der Aktionen und nutzen den Tor Browser und VPN-Dienste. Um sich für den Fall einer Festnahme und die mit großer Wahrscheinlichkeit darauffolgende Folter vorzubereiten, versuchen sie, von den Genoss*innen zu lernen, die Folter überlebt haben. Um ihre Ressourcen zu vergrößern, helfen sie beim Aufbau und der Vergrößerung anderer Partisan*innengruppen: »Es ist wichtig für uns, eine Organisation von Revolutionär*innen oder zumindest ein Netzwerk von überzeugten revolutionären Zellen zu schaffen, welches schlau handeln und gelungene Attacken durchführen kann und es schafft, danach frei zu bleiben.« Daher unterstützen sie andere Gruppen mit ihren eigenen Erfahrungen, finanziell und durch ihren Zugang zu den Medien.

Für BOAK ist das medienwirksame Auftreten wichtig. Sie selbst haben seit Beginn ihrer Anschläge immer wieder Interviews gegeben, vor allem für internationale Medienportale. Sie glauben daran, dass Berichte über erfolgreiche Aktionen andere Menschen inspirieren können. Auch sehen sie sich als Repräsentant*innen der Partisan*innenbewegung und nicht als »stille Schatten in der Nacht«. Auf ihren Kanälen suchen Menschen nach Informationen über Partisan*innenaktionen. Jedoch wägen sie vor der öffentlichen Bekanntmachung der Aktionen verschiedene Faktoren ab: Welche Informationen können zu Festnahmen führen? Wie lange müssen sie welche Informationen zurückhalten? Verhindert eine zu schnelle Veröffentlichung den Erfolg der Aktion, weil zum Beispiel die Schienen direkt wieder repariert werden? Aus all diesen Gründen macht BOAK nicht alle Aktionen öffentlich, die sie oder andere Partisan*innengruppen durchführen.

Da es gefährlich sein kann, sich offen positiv über BOAK äußern, ist es schwer einzuschätzen, wie groß die Zustimmung für die Gruppe in der Öffentlichkeit ist. Jedoch treffen sie immer wieder auf Unterstützung für ihre Methoden und Ideen. Ihrerseits haben sie jedoch wenig Verständnis und Nachsicht für Menschen, die es vorziehen, sich aus diesem Krieg herauszuhalten und sich gegen Waffenlieferungen an die Ukraine aussprechen.

> »Es ist einfach, weg zu bleiben und die Situation mit ›Buchwissen‹ zu evaluieren. Wenn es um imperialistische Kriege geht, in denen wir uns auf keine Seite stellen sollen, weil es keine Seite der arbeitenden Klasse gebe. Aber die Realität unterscheidet sich ein bisschen vom Buchwissen. In der Realität können wir die Ukraine, auch wenn sie ein Staat ist, der kapitalistische Interessen vertritt, nicht mit Russland vergleichen. Denn es gibt das kleinere und das größere Böse. Und wenn das kleinere Böse gewinnt, können wir es später bekämpfen. Aber wenn das größere Böse gewinnt, wird es danach viel schwieriger sein, zu kämpfen. Und alle, die denken, Russland und die Ukraine seien gleich, sind herzlich willkommen, nach Russland zu kommen und zu versuchen, Teil der Opposition zu werden. Und das noch nicht mal in den großen politischen, sondern zum Beispiel in ökologischen

Fragen. Dafür gehen Aktivist*innen in Russland gerade ins Gefängnis. Und noch eine Sache: Wenn die Ukraine Waffen bekommt und die Chance hat, Russland zu besiegen, hört der Krieg auf. Wenn Putin gewinnt, wird es ihn ermutigen, noch stärker zu werden und mit der Wiederherstellung des Imperiums weiterzumachen und wer weiß, wer als nächstes dran ist. Je eher Putin gestoppt wird, desto geringer ist der Preis, den die Arbeiter*innen und die Menschheit generell zahlen müssen.«

Für die Mitglieder von BOAK gibt es daher keine andere Option als weiterzumachen. Auch wenn ihr Optimismus seit Kriegsbeginn gesunken ist, setzen sie ihrem Kampf fort. In Anbetracht der vielen Genoss*innen, die festgenommen werden, sei es schwierig, nicht noch weiter in Pessimismus zu verfallen:

> »Das Leben in Russland ist gerade, wie wenn man am Rande einer Klippe läuft – ein falscher Schritt und du fällst runter. Aber du rennst weiter. Nicht nur, um nicht runterzufallen. Sondern weil es das ist, was du machst. Du verstehst, dass es das Richtige ist und dass es gemacht werden muss. Niemand anderes als du selbst kann das machen. Die Zukunft hängt von dir ab. Für deine Genoss*innen, die ihr Leben für die Hoffnung gegeben haben – deine Kraft in einer Faust zu sammeln und weiterzukämpfen ist der einzige Weg, es ihnen zurückzugeben – für sie, für uns und für die Menschheit.«

»Sibirien wird schwarz-rot sein!«

Die Mitglieder der *Revolutionären Jugendbewegung* (Rewoljuzionnoe Molodjoschnoe Dwischenie, RMD) in Omsk sind der Meinung, dass es eines der größten Probleme der anarchistischen Bewegung in Russland ist, dass viele Anarchist*innen nicht miteinander interagieren wollen:

> »Auch in unserem Land ist vielen Menschen nicht klar, dass wir uns zusammenschließen und, unabhängig von der Entfernung, zusammen handeln müssen. Das ist wahrscheinlich eines der größten aktuellen Probleme der gesamten linken Bewegung: Es gibt keine Einheit, und wenn, dann ist diese nur in den Händen der Oligarchen und Diktatoren.«

Das, womit sie jedoch am meisten kämpfen, sei die Passivität der Menschen. Die Mitglieder von RMD sagen, dass die politische und soziale Situation in Russland sehr instabil sei, »sie wird jeden Tag schlimmer und schlimmer, es gibt keine politische Alternative, die soziale Situation verschlechtert sich im Zuge der wirtschaftlichen Situation, wir können das Platzen der Subkultur sehen, und das geschieht nur, wenn die Krise näher rückt«. Die totale Kontrolle durch den Staatsapparat sorge dafür, dass sich Angst innerhalb der Bevölkerung breitmache. Zwar würden sich deswegen junge Menschen gegen die Behörden und das System wenden, es fehlt in den Augen vom RMD aber an Agitation:

> »Es gibt auch nur wenige Leute, die Theorie studieren, und wenn sie es tun, dann nur in eine Richtung. Es ist notwendig, nicht nur Bakunin, Kropotkin usw. zu lesen, sondern auch kommunistische Autor*innen, Syndikalist*innen usw. Ein weiteres Problem ist, dass man sich manchmal weigert zuzugeben, dass die Theorie veraltet ist, dass es an der Zeit ist, sie an die Moderne anzupassen.«

Mit ihren Aktionen und Inhalten versuchen sie, diesen Problemen entgegenzuwirken. Sie selbst beschreiben sich als eine linke Gruppe mit vielfältigen Tätigkeiten von Theorie bis Praxis. So haben sie im April 2024 eine Agitationskampagne mit dem Titel »Anarcho-Kommunismus für die Massen!« gestartet. Auf ihrem Telegramkanal schreiben sie zu der Kampagne, dass die Menschen unter dem Eindruck von Krieg und Unterdrückung anfangen würden, nach einer Alternative zu fragen. »Wir antworten, dass es eine gibt! Es ist die Ideologie des Anarcho-Kommunismus oder des sogenannten libertären Kommunismus.«

Auf Plakaten, die sie in den Straßen aufhängen, stehen Sprüche wie »Anarcho-Kommunismus – das ist die Kontrolle der Arbeiter*innen über die Industrie«, »das ist Internationalismus und Solidarität« oder »das ist die Macht des Volkes«.

Neben dieser Kampagne versuchen sie, durch direkte Aktionen die Bevölkerung in ihrem Umkreis zu mobilisieren und zusammenzubringen: »Das Wichtigste ist jetzt, den Menschen zu zeigen, dass es eine Alternative gibt und alle etablierten Stereotype zu durchbrechen.« Dafür führen sie verschiedene Aktionen durch, um mit den Menschen in Kontakt zu kommen. Sie »helfen ihnen bei der Lösung von Problemen«, organisieren inhaltliche Veranstaltungen oder auch schon mehrmals ein Schachturnier. Die Gruppe selbst ist bisher von Repressionen weitestgehend verschont geblieben. Nur ihr Telegramkanal wird ihres Wissens nach von der örtlichen Polizei beobachtet.

Trotz der auf allen Ebenen so prekären Lage bleiben die Mitglieder von RMD in Russland. Eine Person sagt dazu: »Wenn ich hier weggehe, wer wird den Kampf fortsetzen oder wieder aufnehmen? Es wird sich herausstellen, dass ich nur vor den Problemen weggelaufen bin usw. Ich denke, es ist besser, bis zum Ende zu kämpfen als wegzulaufen.« Kraft gibt ihnen das Wissen um Genoss*innen auf der ganzen Welt: »Ich glaube an sie, dass wir gemeinsam etwas verändern und eine neue Welt schaffen können. Lass es mich so ausdrücken: ›Man kann nicht gewinnen, ohne zu kämpfen. Deshalb: kämpft!‹«

Seit dem 24. Februar 2022 können sie ein anwachsendes Interesse für anarcho-kommunistische Ideen beobachten. Der Schock über den Krieg und die Auswirkungen auf die Gesellschaft führen bei einigen jungen Menschen zu einem kritischen Nachdenken. Bei der Frage nach der eigenen Bewertung des Krieges stellt RMD fest, dass sich die Menschen beider Länder nun töten und Hass empfinden, während die »Oligarchie auf beiden Seiten nur reicher wurde«. Die Mitglieder von RMD machen zwischen den Regimen der Ukraine und Russlands keinen Unterschied: »Wir glauben, dass diese beiden Regime zerstört werden müssen.« Sie würden sich wünschen, dass die Soldat*innen beider Länder ihre Waffen gegen die Oligarch*innen und Machthaber beider Länder richten würden, anstatt sich gegenseitig umzubringen.

Die Kraft der Bücher

Alexej führt einen anarchistischen Lebensstil – er hat seinen Kontakt zum Staat so weit wie möglich reduziert. Er geht keiner offiziellen Arbeit nach, bezahlt nicht für die Verkehrsmittel und nutzt öffentliche Dienstleistungen so wenig wie möglich. Politisiert hat sich Alexej bereits in seinen Teenagerjahren. Musik hat dabei eine wichtige Rolle gespielt. Die roten Banner auf den Konzerten der sibirischen Punkband *Civil Defence* haben auf ihn einen bleibenden Eindruck hinterlassen. Es folgte der Beitritt in eine kommunistische Gruppe und der Beginn eines politischen Lebenswegs. In Richtung des Anarchismus bewegte er sich erst später: »Ich betrachte den *Narodnikismus,* [also die Idee der Narodniki, Anm. V.B.], mit seinem Idealismus und seiner Opferbereitschaft als mein Ideal, der subkulturelle Anarchismus ist mir hingegen gleichgültig.«

Aufgrund seines, wie er sagt, »fortgeschrittenen Alters« konzentriert er sich vor allem auf seine Arbeit bei der Verlagskooperative *Napilnik*. Die Einschränkungen des öffentlichen Lebens, zunächst durch die Corona-Pandemie und später durch den Krieg gegen die Ukraine, ließen, so Alexej, nur noch die Veröffentlichung von Büchern als Tätigkeit übrig. Inzwischen gibt es *Napilnik* bereits seit vier Jahren. Auf ihrer Internetseite findet sich das Manifest der Kooperative:

> »Archaische und unfreie Systeme neigen dazu, Literatur zu verbieten und zu zerstören. Nun, wir drucken sie, solange wir können. Worte haben die Macht, in der Ewigkeit nachzuhallen, und wir sammeln sie. Wir suchen die Schriften von Ketzern, Verrückten, politischen Radikalen, Kriminellen, deklassierten Elementen, verstoßenen Dichtern und verdammten Soldaten, Kulturrevolutionären. Für uns müssen die Imperien zerstört, der Kapitalismus gestürzt und die Befreiten in die horizontale Organisierung geführt werden. Unsere Schwestern und Brüder sind verschieden und zahlreich. Unsere Liebe gehört den rebellischen Studenten, den verrückten Syndikaten, den klarsichtigen Killern, die sich in den Metropolen im Untergrund formieren, den Lumpen, den Piraten der Südsee, den Revolutionären der Vergangenheit und der Zukunft, den Andersdenkenden, die den Tod verachten, den schwarzen Eisenströmen, den Rebellen des steinernen Selbst, denen, die brennen, die lachen und dafür sterben. Es gehört euch. Es gehört dir. Entscheide dich. Lebe. Stirb. Entzünde die heiligen Feuer.«

Auf ihrer Seite finden sich Bücher wie das *Rote Buch der Antifa* von Stanislaw Markelow, Bücher über den irischen und den kurdischen Widerstand sowie über Anarchismus und Krieg. Doch einen kleinen und politischen Verlag am Laufen zu halten ist schwierig, vor allem was das finanzielle Überleben betrifft: »Wir machen keinen Gewinn, wir machen viele Wohltätigkeitsprojekte, zum Beispiel veröffentlichen wir eine Reihe von Büchern politischer Gefangener unter dem Titel *Stimmen aus den Kerkern*, sodass manchmal nicht genug Geld für Neuauflagen da ist.« Im April kam es schließlich zu einer Durchsuchung der Räumlichkeiten der Verlagskooperative.

Doch Repressionen hat Alexej in seinem Leben schon viele erfahren, von einer Unzahl administrativer Festnahmen über Angriffe von Kreml-Aktivist*innen, Durchsuchungen bis zu dem Versuch eines fabrizierten Strafverfahrens nach Artikel 212 (Organisation von Massenunruhen). Daher versucht er heute bei all seinen Tätigkeiten stets die Risiken abzuwägen, dabei aber trotzdem aktiv zu bleiben. Er findet seinen politischen Ausdruck in Büchern, unterstützt politische Gefangene und engagiert sich in der Bildung. Das Leben in Russland ist, wie Alexej sagt, miserabel: Preiserhöhungen, die totale Kontrolle durch den Staat und das verschärfte Strafrecht machen das Leben und Überleben schwer. »Was mich am meisten ärgert ist die Gleichgültigkeit, Dummheit und Unterwürfigkeit vieler Mitbürger, vor allem derer, die noch nicht im fortgeschrittenen Alter sind«, sagt er. Dem versucht er durch sein Engagement etwas entgegenzusetzen. In seinen Seminaren beschäftigt sich er vor allem mit der »Geschichte des gesellschaftlichen Widerstandes gegen den Staat, von den Aufständen von Rasin und Pugatschow[1] bis zu den sowjetischen Dissidenten. Besonders am Herzen liegen mir die Narodniki und die Sozialrevolutionär*innen. Was die Literatur betrifft, so gebe ich einen Kurs über Dystopien, der in etwa mit einem Filmklub vergleichbar ist.«

Alexej kann sich selbst nicht vorstellen, in die Emigration zu gehen. Sein Charakter und sein Alter sprechen für ihn dagegen. Daher sei es für ihn schwer, die Auswanderung nahestehender Personen mit anzusehen:

> »Andererseits ist es die Wut über diese beschissene Realität, die in erster Linie Kraft gibt, sowie die Hoffnung, dass die nächste Generation anders sein wird und diese erbärmliche Staatspropaganda und den geistigen Klammergriff einfach nicht mehr ertragen wird. Ich glaube, dass die jungen Leute früher oder später die Nase voll haben von all diesen ›Lektionen über die Hauptsache‹, den ›Veteranen der Verteidigungskräfte‹, dem ewig glatzköpfigen Präsidenten, den Großfamilien und anderen Ästhetiken des Totalitarismus. Und dann können wir wirklich von Veränderung sprechen. Es muss eine andere Generation heranwachsen, unter anderen Bedingungen, nicht unter den Treibhausbedingungen, die wir haben. Dann werden die überlebenden Aktivisten mit Erfahrung gefragt sein.«

---

1 Jemeljan Iwanowitsch Pugatschow und Stenka Razin waren zwei Kosaken, die im 17. und 18. Jahrhundert Aufstände gegen die zaristische Zentralmacht in den kolonialisierten Gebieten und die Unterdrückung von Bäuer*innen angeführt haben. Auch wenn sie nicht dezidiert anarchistisch waren, stellen die Aufstände einen wichtigen Bezugspunkt in der Geschichte für russische Anarchist*innen dar.

Solidarität mit den politischen Gefangenen Sibiriens

Der Ursprung der heute weltweit bekannten anarchistischen Organisation *Anarchist Black Cross* (Anarchistisches Schwarzes Kreuz, ABC) liegt im zaristischen Russland. Von den Repressionswellen, die auf die Revolution von 1905 folgten, waren Anarchist*innen, Sozialist*innen und Revolutionär*innen besonders stark betroffen. Viele kamen ins Gefängnis, ins Arbeitslager, mussten ins Exil gehen oder wurden hingerichtet. Um den in den Lagern und Gefängnissen Inhaftierten Unterstützung zu leisten, gründete sich das *Politische Rote Kreuz* (PRK). Doch nicht nur das. Das PRK half auch vielen Anarchist*innen, wie auch Pjotr Kropotkin, bei der Flucht aus dem Land. Schon bald wurde aber das PRK von den Sozialdemokrat*innen gekapert, die sich weigerten, Anarchist*innen zu unterstützen. Dies führte zur Gründung des *Anarchistischen Roten Kreuzes* (ARK) in Białystok 1906. Das ARK entschied sich, sowohl Anarchist*innen als auch Sozialrevolutionär*innen gleichermaßen zu unterstützen. Bis Ende 1906 entstanden weitere Ableger des ARK in Städten wie Odesa und Kyjiw. In London gründete sich 1907 schließlich das ARK auch als internationale Organisation. Diejenigen, die vor der Verfolgung aus dem zaristischen Russland fliehen konnten, bauten im Ausland weitere Ableger auf. Die Amnestie von 1917, die alle politischen Gefangenen aus den Gefängnissen und Lagern befreite, machte die Arbeit des ARK zeitweise überflüssig – einige Mitglieder schlossen sich der Revolution an. Doch die zunehmenden Repressionen und Verfolgung durch die Bolschewiki sorgten schon bald für eine erneute Notwendigkeit der Tätigkeiten des ARK. Die Organisation, die sich inzwischen zum *Anarchistischen Schwarzen Kreuz* (Anarchitscheskij Tschjornyj Krest) umbenannt hatte, half den politisch Verfolgten in der Sowjetunion. Einige Mitglieder schlossen sich zudem Machno an. Die Unterdrückung anarchistischer Aktivität durch die Bolschewiki sorgte jedoch bald auch für ein Ende des ABC innerhalb der Sowjetunion. Im Berlin kamen die Mitglieder, die es geschafft hatten, Russland rechtzeitig zu verlassen, wieder zusammen und richteten sich mit Blick auf den Spanischen Bürgerkrieg und den Faschismus, der sich in ganz Europa breitmachte, international aus. Viele der russischen Mitglieder des ABC waren jüdisch und somit selbst in großer Gefahr. Der riesige

Bedarf an Unterstützung und die zu knappen Ressourcen brachten das ABC Ende der 1930er-Jahre sowohl in den USA als auch in Europa zum Kollabieren. Während dies das vorläufige Ende für das ABC bedeutete, führten andere Organisationen unter anderen Namen, aber mit gleicher Aufgabe, die Arbeit weiter. Ende der 60er-Jahre gründete sich schließlich eine Gruppe des ABC in Großbritannien und in den 80er-Jahren in den USA. Heute gibt es in verschiedenen Ländern überall auf dem Globus verteilt Gruppen des ABC, die untereinander vernetzt sind und aufgrund der Neugründung unter dem englischen Namen bekannt sind.

Im sibirischen Irkutsk nahm ABC die Arbeit 2010 auf, um den von Nazis und Staat verfolgten Anarchist*innen und Antifaschist*innen sowie ihren Angehörigen zu helfen. 2017 unterstützten sie dann diejenigen, die von Repressionen aufgrund der angeblichen Verletzung der Gefühle von Gläubigen betroffen waren – wie zum Beispiel ein Genosse von ihnen, der ein Bild von sich mit dem Mittelfinger an der Schläfe postete. »In Wirklichkeit waren die Repressionen präventiver Natur und zielten darauf ab, die politischen Protestaktivitäten des *Rates der Andersdenkenden*, einer zivilen, selbstorganisierten Plattform, die damals in Irkutsk existierte, zu untergraben«, erzählte mir dazu ein Mitglied der Gruppe.

Danach stellten sie ihre Arbeit für eine Zeit ein. Bis zum 24. Februar 2022. Die Eskalation der Repressionen führte ihnen die Notwendigkeit ihrer Arbeit wieder deutlich vor Augen. Seit Beginn des vollumfänglichen Krieges hilft das *ABC Irkutsk* wieder Anarchist*innen und Antifaschist*innen sowie Kriegsgegner*innen. Ausgeschlossen von der Hilfe sind jedoch Anhänger*innen von nationalsozialistischen Hassideologien, ganz gleich, ob sie gegen den Krieg oder das Regime sind. Zudem informieren sie über Repressionen und engagieren sich in der materiellen Unterstützung der anarchistischen Bewegung in Irkutsk.

Sibirien ist eine sehr große und sehr heterogene Region, in der viele indigene Gemeinschaften leben. Diese sind besonders stark von der Mobilisierung betroffen. Die schlechte wirtschaftliche Lage in diesen Gebieten treibt viele in die Armee, die hoffen, mit dem Sold ihre Schulden begleichen und ihre Familien ernähren zu können, »obwohl keine wirtschaftlichen Gründe es rechtfertigen können, dass Menschen für Putins imperialistische Ambitionen und den Erhalt seiner Macht kämpfen«, wie ein Mitglied von ABC Irkutsk betont. Der Oppositionsbewegung geht es, ähnlich wie im Rest des Landes, auch in Sibirien sehr schlecht. Dennoch können die Mitglieder von ABC Irkutsk ein Anwachsen der Zahl von Guerilla-Aktionen beobachten, die einzeln oder auch in Gruppen durchgeführt werden.

Eine solche Aktion war es auch, die der ungefähr 20 Jahre alte Alexander Sneschkow und die ungefähr 17 Jahre alte Ljubow Lizunowa durchführten. Im Oktober 2022 wurden die beiden in Tschita festgenommen, nachdem sie ein Graffiti mit den Worten »Tod dem Regime« malten. Der sogenannte *Fall Tschita* hat das ABC Irkutsk besonders stark beschäftigt. Sneschkow und Lizunowa hatten bereits seit längerer Zeit das Gefühl, beobachtet zu werden. Sie administrierten zwei Telegramkanäle, in denen über verschiedene Partisan*innentätigkeiten berichtet wurde, wobei sich Beiträge auch positiv auf die Aktionen von BOAK bezogen. Deshalb wurden gegen die beiden Verfahren mit dem Vorwurf von ›Vandalismus‹, ›Aufruf zu Terrorismus‹ und ›Verletzung der territorialen Integrität der Russischen Föderation‹ eingeleitet. Auf Kaution kamen beide frei, wurden aber kurz danach in Omsk und Irkutsk wieder festgenommen, weil sie angeblich ihre Auflagen verletzt hätten. Im Zusammenhang mit dem Fall Tschita wurden zudem weitere Personen aus Chabarowsk und Wladiwostok zu Geldstrafen verurteilt. Am 24. April 2024 wurde Alexander Sneschkow zu sechs Jahren und Ljubow Lizunowa zu dreieinhalb Jahren Haft verurteilt. Ein in diesem Fall weiterer Angeklagter, Wladislaw Wischnewski, wurde vom Gericht zu eineinhalb Jahren Zwangsarbeit verurteilt.

Die Arbeit des ABC Irkutsk wird immer riskanter und ihre eigene Sicherheit immer mehr zu einem wichtigen Thema. Dass die US-amerikanische Föderation der ABC-Gruppen seit Anfang 2024 in Russland nun auf der Liste der unerwünschten Organisationen gesetzt wurde, verschlechtert die ohnehin schon prekäre Lage nur noch weiter. »Unsere Aktivitäten in Russland waren vorher in der Praxis bereits klandestin und riskant, aber danach begannen Geldstrafen und Auflagen allen zu drohen, die mit uns zusammenarbeiten, unsere Materialien verteilen, uns finanziell unterstützen oder Hilfe erhalten«, so ein Aktivist aus Irkutsk. Die Beteiligung an den Aktivitäten einer solchen unerwünschten Organisation kann mit Geldstrafe bis zu 15.000 Rubel (ungefähr 152 €) belegt werden, bei Wiederholung drohen bis zu vier Jahre Haft. »Rechtlich gesehen gilt dies nur für ABC-Aktivitäten in den USA, aber in der Tat ist es in Russland gefährlich, mit einer ABC-Gruppe zusammenzuarbeiten, da die Polizei das Gesetz so flexibel auslegen kann, wie sie will.« Auf ihrem Telegramkanal nimmt ABC Irkutsk Stellung und schreibt, dass sie sich davon nicht unterkriegen lassen wollen: »Wir werden unsere Arbeit in einem etwas anderem Format fortsetzen. No pasaran!«

Inzwischen sahen sich viele Mitglieder des Kollektivs gezwungen, Russland zu verlassen. Für diejenigen, die geblieben sind, wird es immer schwieriger, ihr Motivation aufrechtzuerhalten, während sie permanent von Repressionen bedroht sind. Ein Mitglied von ABC Irkutsk resümiert:

> »Meine größte Befürchtung ist, dass das Regime sich für viele Jahre konserviert, dass es eine Säuberung jeglicher Aktivitäten geben wird, dass der Anarchismus in Russland in den Zustand vor der Perestroika in der UdSSR zurückfällt. Gleichzeitig wird der Sturz des Regimes wahrscheinlich eine revolutionäre Situation schaffen, in der sich Anarchist*innen bewähren können. Was uns Hoffnung gibt, ist, wie sehr unsere Arbeit jetzt gebraucht wird. Die Zahl der Menschen, die Hilfe brauchen, wächst ständig. Und auch, dass selbst in dunklen Zeiten viele Menschen die Kraft finden, weiterzukämpfen und dass die aktuelle politische Situation mehr Menschen dazu zwingen wird, sich zu politisieren.«

Wenig Ressourcen und viele Probleme

Der anarchistischen Bewegung mangelt es in Russland an allem, was sie zu einer tatsächlichen Bewegung machen würde: Ressourcen, Menschen, gemeinsame Ziele, Infrastruktur. ABC Irkutsk kommt daher zu dem Schluss: »Im Moment gibt es in Russland keine anarchistische Bewegung mit nachhaltig entwickelten Organisationen, Infrastruktur und einer Perspektive, um soziale und politische Veränderungen im Land zu unterstützen und zu organisieren.« Viele Themen, die zuvor relevant waren, wie Feminismus, Bildung, Arbeitsrechte oder Umweltschutz weichen dem Krieg und den Repressionen. Sophia sagt: »Wir haben realisiert, dass, wenn wir den Krieg nicht stoppen, wir nicht in der Lage sein werden, andere Probleme zu lösen.« Die Bewegung ist stark fragmentiert, was eines der größten Probleme darstellt. Innerhalb Russlands gibt es kaum Kontakt zwischen den Gruppen, die meisten Anarchist*innen sind ohnehin unorganisierte Einzelpersonen. Das gesellschaftliche und politische Klima macht laut ABC Irkutsk eine Organisierung immer schwieriger: »Die Gesellschaft ist von Angst, Apathie und Misstrauen geprägt, was die Suche nach neuen Menschen erschwert.«

Dazu kommen die vielen Anarchist*innen, die fliehen mussten, die inaktiv geworden sind, um sich vor Repressionen zu schützen oder jene, die festgenommen wurden. Berichte von Folter und fabrizierten Fällen, für die beispielhaft der Netzwerk-Fall steht, lassen die Stimmung noch düsterer werden. So auch der *Tjumen-Fall*, der die Szene seit August 2022 beschäftigt. Dieser Prozess nahm seinen Anfang, als Denis Ajdyn und Kirill Brik Ende August in einem Wald im westsibirischen Tjumen von Streifenpolizist*innen durchsucht wurden, die die beiden für Drogendealer hielten. Als sie explosives Material fanden, wurde den beiden vorgeworfen, sie hätten nach einer geeigneten Stelle gesucht, um das Wärmekraftwerk 2 in Tjumen anzugreifen. Kurz darauf wurden in den Städten Jekaterinburg und Surgut vier weitere Anarchisten festgenommen: Jurij Nesnamow (27 Jahre), Danil Tschertykow (28 Jahre), Nikita Oleinik (27 Jahre) und Roman Paklin (25 Jahre).

Die Sicherheitsbehörden begannen, das Konstrukt einer terroristischen Gruppe aufzubauen, in dem sie allen sechs Beschuldigten spezifische Rollen zuwiesen. Nikita Oleinik studierte Medizin mit dem Wunsch, Chirurg zu werden. Aus verschiedenen Gründen musste er allerdings sein Studium abbrechen. Oleinik ist in der anarchistischen Szene rund um Tjumen bekannt und beliebt. Daher wird er als der Kopf der Gruppe ausgemacht. Ihm wird vorgeworfen, verschwörerische Treffen abgehalten zu haben, auf denen der Sturz der Staatsmacht geplant worden sei. Gemeinsam mit seinem Freund Roman Paklin hat Oleinik in Surgut eine öffentliche libertäre Bibliothek aufgebaut. Deshalb wird Paklin von den Ermittler*innen zu dieser Gruppe dazu gezählt. Jurij Nesnamow ist freischaffender Grafiker und interessiert sich für Comics und 3D-Modelle. Ihm wird die Rolle des Finanzverwalters zugeschrieben. Der überzeugte Antifaschist Danil Tschertykow arbeitet als Tierarzt in Jekaterinburg, sein Spezialgebiet ist die orthopädische Chirurgie. Er wird von vielen Seiten als beliebt und in seiner Arbeit als angesehen beschrieben. Aufgrund seines Berufs machen die Ermittler*innen aus ihm den Mediziner der Gruppe. Aus Kirill Brik und Denis Ajdyn, beide Musiker, werden, wegen des bei ihnen gefundenen Sprengstoffs, die Pyrotechniker.

Was die sechs eint, sind ihre anarchistischen Überzeugungen – und ihre Erfahrungen mit brutalster Folter. Nach ihren Verhaftungen, die eher Entführungen glichen, nach denen ihre Angehörigen für mehrere Tage nichts über ihren Aufenthalt erfuhren, mussten sie Waterboarding, Elektroschocks, Schläge, psychischen Druck und Androhung sexueller Gewalt über sich ergehen lassen. Teilweise wurden sie in einander angrenzenden Räumen gefoltert, sodass sie die Schreie ihrer Genossen hören konnten. Ihnen wurden Dinge in die Hand gelegt, damit sie Fingerabdrücke hinterließen und Dokumente zum Unterschreiben gegeben. Ihre Angehörigen wurden unter Druck gesetzt, ihre Wohnungen durchsucht und bei der Gelegenheit Geld gestohlen. Paklin, der nach der Festnahme zeitweise das Gefühl in einem Arm verloren hatte, über Schmerzen am Herzen klagte und eine Verschlechterung seines Sehvermögens feststellen musste, musste im April 2024 in eine neuropsychologische Klinik. Sein psychischer Zustand hat sich durch die Folter massiv verschlechtert. Kirill Brik hat noch vor Prozessbeginn eine Vereinbarung mit dem Gericht getroffen, sich für schuldig bekannt und gegen die anderen Angeklagten ausgesagt. Es wird vermutet, dass er dem Druck durch die Folter nicht weiter Stand halten konnte.

Das drohende Strafmaß gegen die Festgenommen hatte sich nochmals erhöht, seitdem allen sechs zusätzlich die unerlaubte Herstellung und illegale Lagerung explosiven Materials vorgeworfen wurde. Nesnamow, Tschertykow, Ajdin und Paklin könnten nun zu maximal 30 Jahren und Oleinik als Gründer einer terroristischen Vereinigung zu lebenslanger Haft verurteilt werden. Am 16. Mai 2024 wurde Kirill Brik wegen illegalem Erwerb von Sprengstoff, der Herstellung von Sprengstoff, der Beteiligung an einer terroristischen Vereinigung und der Vorbereitung einer terroristischen Handlung zu acht Jahren Freiheitsentzug, einer Geldstrafe von 600.000 Rubel und einem Jahr eingeschränkter Freiheit nach Beendigung seiner Strafe verurteilt. Die ersten dreieinhalb Jahre wird Brik in einem Gefängnis verbringen und die restliche Zeit in einer Hochsicherheitskolonie. Auch in diesem grausamen Fall gerichtlicher Willkür ist ein Solidaritätsnetzwerk entstanden. Gruppen wie *ABC*

Moskau oder die Gruppe *Tjumenskoe Delo* (Tjumen-Fall) unterstützen die Angeklagten und ihre Angehörigen. Sie organisieren Spendensammlungen und schreiben Briefe in die Gefängnisse. Die Solidaritätsbewegung fällt jedoch angesichts der Repressionen und der inzwischen aufgetretenen Apathie kleiner aus als noch beim Netzwerk-Fall.

Trotz der Gewalt, die Anarchist*innen aufgrund ihrer Ideale und ihrer Tätigkeiten drohen, gibt es nach wie vor Gruppen und Projekte, die ihre Arbeit fortsetzen, und Menschen, die in Eigenregie Guerilla-Aktionen durchführen. Die Gruppen berichten, dass diese Aktionen zunehmen und auch dass anarchistische Ideen angesichts des immer autoritärer auftretenden Regimes immer mehr Anklang finden. Sophia fasst das so zusammen:

> »Vielleicht deswegen, weil die anarchistische Bewegung eine der wenigen Bewegungen ist, die sich gar nicht mit dem Staat zusammenschließt. Was auch immer wir für eine kommunistische Partei hatten oder rechte Parteien, sie alle waren letztendlich Putins Puppen. Und wir sind die einzige Bewegung, die ihre Integrität beibehält. Nicht alle sind streng anarchistisch, aber viele Menschen fangen an, den Reiz zu erkennen. Ich denke, viele Menschen in Russland sind ziemlich anarchistisch im Herzen, aber wissen nichts über die Theorie und die Praxis. Aber ich kann beobachten, dass wir immer populärer werden. Und wenn ich mir den Zulauf zur Bewegung anschaue, dann sind das ganz verschiedene Menschen.«

… im Exil

Die Repression gegen Anarchist*innen hat seit den 2010er-Jahren konstant zugenommen. Viele sahen sich daher gezwungen, Russland zu verlassen. Spätestens seit dem 24. Februar 2022 ist es für manche zu gefährlich geworden, in Russland zu bleiben. Es gibt aber auch Anarchist*innen, die Russland freiwillig verlassen haben. Die folgenden Berichte zeigen, wie Anarchist*innen im Ausland, aus welchen Gründen auch immer sie geflohen sind, versuchen, ihren in Russland verbliebenen Genoss*innen zu helfen.

Fundraising und Westplaining

Rustik ist bereits vor über fünf Jahren nach Westeuropa ausgewandert. Spezifische Gründe hatte er dafür jedoch nicht: »Ich wollte etwas anderes sehen und an einem anderen Ort leben. Ich hatte die Möglichkeit, also habe ich es gemacht.« Das erste Jahr im Exil war für Rustik schwer, da er sich immer noch stark mit Russland und den Menschen dort verbunden fühlte. Allerdings ist seine Freundin mit ihm gemeinsam ausgewandert. Die Emotionen und Probleme mit einer nahen Person teilen zu können, war eine große Hilfe. Doch dann kam der Netzwerk-Fall, die Festnahmen und die Folter. Unter den Betroffenen waren auch einige langjährige Freunde von Rustik. Ihm wurde klar, dass er in der neuen Gesellschaft ankommen musste, um an Ressourcen zu gelangen, die seinen Freunden helfen könnten. Er scherzt: »Meine Integration wurde also sehr von der russischen Politik beschleunigt.«

Rustik schloss sich ziemlich bald nach seiner Ankunft in der neuen Stadt einer lokalen anarchistischen Gruppe an und organisierte mit ihr verschiedene Projekte wie eine anarchistische Bibliothek oder Aktionen zu Arbeitsrechten. Jedoch merkte er sehr bald, dass er sich nicht wirklich für die lokalen Kämpfe begeistern konnte, während seine Freund*innen in Gefängnissen saßen und gefoltert wurden. »Ich habe schnell gemerkt, dass ich mich nicht emotional in die lokalen Kämpfe einbringen kann. Und wenn ich emotional nicht dabei bin, kann ich das auch nicht machen, weil ich sonst ausbrenne.« Also fing er an, Unterstützung für politische Gefangene und Aktivist*innen in Russland zu organisieren. Seit dem 24. Februar 2022 sammelt er zudem Geld und Ausrüstung für Anarchist*innen, die auf der ukrainischen Seite an der Front kämpfen. Und das funktioniert laut Rustik sehr gut. In seinem Exilland gebe es viele aktive Menschen, Studierende, Hipster und Menschen, die *edgy* sein wollten und von denen man viel Geld bekommen könne. Und auch mit den lokalen Strukturen konnte er gut übereinkommen. Er nutzt ihre Infrastruktur, wie Räume und Netzwerke, und hilft dabei, diese mit Vorträgen und Filmvorführungen zu bespielen, bei denen er Geld sammelt. Von diesem Geben und Nehmen profitieren beide Seiten. Allerdings steht er mit seinen Fundraising-Aktionen nicht alleine da. »So viele Dinge in der Welt sind kaputt und manchmal sind die Menschen davon übersättigt. Da ist Palästina, da ist der Krieg in der Ukraine und da ist irgendwas anderes. Überall in der Welt gibt es etwas, wofür man Geld sammeln kann.« Manchmal konkurrieren die Veranstaltungen, die Rustik organisiert, an einem Tag mit mehreren anderen, bei denen Spenden gesammelt werden, an unterschiedlichen Orten in der Stadt. Es ist schwierig, im Konkurrenzkampf um die Aufmerksamkeit die Oberhand zu gewinnen.

Zudem sieht sich Rustik immer wieder mit etwas konfrontiert, mit dem sich viele Menschen aus Osteuropa seit der Ausweitung des russischen Krieges gegen die Ukraine auseinandersetzen müssen: dem sogenannten *Westsplaining*. Rustik stellt fest, dass Menschen in seinem Exilland oft weit entfernt sind von den Realitäten in Osteuropa:

> »Sie verstehen nicht die Geschichte und ihre Komplexität, aber versuchen mir zu erklären, was vor sich geht, was ich tun soll und wen ich unterstützen beziehungsweise nicht unterstützen soll. Ich bin, ehrlich gesagt, so müde von diesen Diskussionen. Ich gehe da auch einfach nicht mehr rein. Wenn Menschen trotzdem diskutieren wollen, denke ich mir: ›Okay, schön, du bist mir egal‹ und gehe woanders hin. Ja, das ist einfach nur frustrierend.«

Rustik vergleicht das Westsplaining mit *Mansplaining*, das eine Situation bezeichnet, in der Männer Frauen erklären wollen, was zum Beispiel

Feminismus ihrer Meinung nach ›wirklich‹ sei. Doch zum Glück hat er in seiner Gruppe, die in seiner Stadt gut etabliert und geschätzt ist, viel Rückhalt:

> »Wir schmeißen diese Leute aus den öffentlichen Räume raus. So ist diese Meinung öffentlich nicht mehr präsent, zumindest nicht in meiner Stadt. Wir haben eine gute Stimme und Menschen vertrauen uns. Und weil hier mehrere Menschen aus Osteuropa sind, können wir verschiedene Veranstaltungen und Diskussionen und so organisieren. Unsere Meinung dominiert. Du siehst nicht mehr viele Menschen, die dir erklären wollen, dass Selenskyj ein Nazi ist oder so.«

Wenn Russland auch mit dem Exilland in Konflikt steht

Marcels Politisierung begann, als er an die Universität kam. Das war zu der Zeit der Wahlen 2011 und 2012. In seiner kleinen Heimatstadt hat sich niemand für Politik interessiert, niemand hat darüber diskutiert, wer gerade Präsident war. Doch nun, an der Uni, sah er zum ersten Mal politisches Graffiti und konnte sich damit identifizieren. Er fing an, mehr im Internet zu lesen. »Ich habe ein paar Artikel gelesen und dachte: ›Ja, das ist mir nah. Ich mag die Regierung nicht, ich mag die Form der Politik nicht, ich mag Kapitalismus nicht.‹« Marcel kam in Kontakt mit der lokalen anarchistischen Gruppe und fing an, sich an Aktionen zu beteiligen. Obwohl die Stadt recht groß ist, kannte Marcel bald alle Polizist*innen des Zentrum E und sie ihn. So kam es dann auch zu Festnahmen und Hausdurchsuchungen. Bei späteren Aktionen in einer neuen Stadt sah er sich gezwungen, sich stärker zu vermummen, da die Repressionen immer mehr zunahmen.

Am 24. Februar 2022 war Marcel nicht in Russland. Doch er bekam mit, dass es Drohungen gegen ihn gab, weswegen er und seine Freund*innen sich entschieden, nicht nach Russland zurückzukehren. So kam er nach Georgien. Im Vergleich zur russischen Polizei sei die Polizei in Georgien in Ordnung: »Ich fühle mich sicherer. Wirklich viel sicherer. Ich warte nicht jeden Morgen darauf, dass meine Tür geöffnet wird und mich Polizist*innen mit Pistolen festnehmen.«

Doch die Integration in Georgien gestaltet sich schwierig. Nach dem Kaukasuskrieg 2008 zwischen Russland und Georgien erkannte Russland, entgegen dem Völkerrecht, die abtrünnigen georgischen Regionen Abchasien und Südossetien als unabhängige Staaten an. Der Konflikt um die Regionen dauert an und hat seit dem 24. Februar an neuer Relevanz gewonnen. Die faktische russische Besatzung der beiden Regionen und die anhaltende Bedrohung, die von Russland ausgeht, sorgen für ein angespanntes Verhältnis zwischen Russ*innen und Georgier*innen:

> »Die Beziehungen sind eher oberflächlich und nicht wirklich persönlich. Georgier*innen wissen, dass ich aus Russland bin. Sie denken, nur weil ich aus Russland bin, hieße das, dass ich automatisch für Putin bin. Ich muss beweisen, dass ich Putin nicht unterstütze. Das ist für mich etwas verrückt, weil ich denke, dass ich nicht verantwortlich bin für meine Regierung. Ja, ich bin verantwortlich für das, was ich tue. Aber nicht für das, was Putin oder jemand anderes tut. Es braucht einiges an Erklärung und das ist ein Problem für die Kommunikation.«

Auch innerhalb der anarchistischen Szene gibt es nur wenige Überschneidungen, da es laut Marcel nicht viele linke und vor allem auch nicht so viele anarchistische Gruppen in Georgien gibt. Dafür aber einige Anarchist*innen aus Russland. Viele politische Aktivist*innen, Journalist*innen und Menschenrechtsaktivist*innen sind im Laufe der Jahre vor den Repressionen aus Russland nach Georgien geflohen. 2022 kam es dann zur jüngsten großen Einwanderungswelle aus Russland nach Georgien. Dieses Mal waren es Menschen, die vor der Mobilisierung flohen. »Ich habe nicht wirklich viel Kontakt zu den Menschen, die vor der Mobilisierung geflohen sind, weil sie meist keine politischen Menschen sind. Ich weiß auch, dass viele nicht so nette Menschen dabei sind«, erklärt Marcel.

Doch mit den anderen geflohenen Anarchist*innen hat Marcel Kontakt. In gemeinsamen Chatgruppen tauschen sie sich aus und organisieren Veranstaltungen, Vorträge und Unterstützung für ihre Genoss*innen in Russland. Am 24. Februar 2024 haben sie eine Demonstration in Unterstützung der Ukraine zum zweiten Jahrestag des Krieges organisiert.

Anfang April 2024 kündigte die regierende Partei Georgiens an, das ›Gesetz über ausländische Agenten‹, welches im Jahr 2023 in zweiter Lesung scheiterte, einbringen zu wollen. Seitdem kommt es auf den Straßen Georgiens erneut zu Massenprotesten. Trotz der Proteste und der Kritik seitens der Europäischen Union wurde das ›Gesetz zur Transparenz ausländischen Einflusses‹ am 14. April 2024 nach der dritten Lesung im Parlament verabschiedet. Die Protestierenden befürchten, dass durch das Gesetz eine ähnliche Situation wie in Russland entsteht. Auch Marcel sieht die Parallelen zu dem gleich betitelten russischen ›Gesetz über ausländische Agenten‹:

> »Es ist wirklich ähnlich zu dem, was in Russland verabschiedet wurde. Man könnte sogar sagen, es ist eine Art Vorgeschichte. In Russland wurde auch nicht alles auf einmal verabschiedet. Es wurde alles in Etappen gemacht. Und es wurde in etwa das gleiche Argument vorgebracht, dass es tatsächlich nur um Transparenz gehe, wie bei vielen anderen Gesetzen auch. Und in Georgien ist es genauso. In Georgien fallen alle gemeinnützigen Organisationen darunter, weil sie alle auf die eine oder andere Weise europäische Zuschüsse erhalten und das Land als Ganzes unter Saakaschwili auf diesen europäischen und amerikanischen Zuschüssen aufgebaut wurde, und diese Zuschüsse fließen immer noch nach Georgien.«

Warum das Gesetz nun in so großer Eile noch vor den Parlamentswahlen in Georgien im Oktober 2024 durchgebracht wurde, erschließt sich für Marcel nicht. Vor allem deswegen nicht, weil die europäische Integration als Entwicklungsweg in der georgischen Verfassung festgeschrieben steht. Doch mit dem Gesetz scheint der Weg in die EU, der von vielen Georgier*innen herbeigesehnt wird, nun in einer Sackgasse zu enden. Für viele der Protestierenden kommen als Grund für das Handeln der Regierung nur Absprachen mit Russland in Frage. Marcel ordnet es so ein:

> »Ich denke, dass sie damit durchaus Recht haben könnten. Was genau die Vereinbarungen sind, ist natürlich niemandem klar. Es gibt viel Spekulation. Vor allem [über den] Versuch, die besetzten Gebiete [Abchasien und Südossetien, Anm. VB] friedlich zurückzugeben. Wenn das vor den Wahlen möglich ist, ja, dann macht diese ganze Geschichte für die jetzige Regierung Sinn. Aber ob es gelingen wird, ist unklar. Denn eine solche kalkulierte Annäherung an Russland, mit dem Verlust von viel westlichem Geld, der Verlust der Möglichkeit der europäischen Integration, der völligen Abkehr von der eigenen Verfassung, ist ein ziemlich seltsames Manöver.«

Die Proteste nahm Marcel zunächst als eher friedlich wahr. Zwar kam es immer wieder zu Zusammenstößen mit der Polizei, die mit Gasgranaten und Gummigeschossen auf die Demonstrierenden schoss. Allerdings gingen die Protestierenden in den Beobachtungen Marcels nicht selbst auf die Polizei los. Die Anarchist*innen aus Russland beteiligten sich ebenfalls an den Protesten, jedoch eher in einer helfenden Rolle: »Wir organisierten Erste-Hilfe-Trupps. Das heißt, wir haben uns zusammengetan, eine Koordinationszentrale gebildet, ein paar Trupps, die das notwendige Erste-Hilfe-Material dabeihatten, Verbände, Kochsalzlösung, um Tränengas aus den Augen zu spülen. Denn für uns bedeutet jede, na ja, größere Sache schon eine große Gefahr, dass jemand verhaftet wird, abgeschoben wird. Wir leisten so viel Unterstützung wie möglich.«

Auch wenn der georgische Staat laut Marcel noch nicht die Macht und Möglichkeiten hat, einen Repressionsapparat wie in Russland aufzubauen, versuche er es. Dies zeigt sich auch an der zunehmenden Gewalt der Polizei gegen die Protestierenden: »In letzter Zeit sind Methoden aufgetaucht, die den russischen sehr ähnlich sind. Sie verprügeln zum Beispiel Oppositionelle, Blogger und so weiter. Und in den letzten Tagen hat es die ersten Verhaftungen gegeben. Das heißt, dass die Polizei, die in Massen mit Sturmhauben gekleidet war, Demonstrierende angriff, sie verprügelte und jemanden festnahm.«

Die EU-nahe Präsidentin des Landes, Salome Surabischwili, legte gegen das Gesetz ihr Veto ein. Am 28. Mai 2024 wurde dieses aber im Parlament überstimmt. Somit wurde das Gesetz nun verabschiedet. Für Georgier*innen bleibt die Frage, wie sie weiter gegen das Gesetz und die Regierung kämpfen können und welche Bedeutung dies für die Parlamentswahlen im Oktober 2024 haben wird:

> »Georgien hat eine lange Geschichte solcher friedlichen Proteste, die hier etwas verändert haben. Doch dieses Mal sind trotz der seit einem Monat andauernden Massenproteste keine Veränderungen zu erkennen. Für die Opposition und die Demonstrant*innen ist dies eine ziemlich festgefahrene Situation. Einerseits will niemand, dass es zu irgendwelchen Zusammenstößen mit der Polizei kommt oder, Gott bewahre, zu einem Bürgerkrieg eskaliert. Andererseits ist nicht klar, was man noch tun kann, um das zu verhindern. Denn das, was bereits getan wurde, nämlich die Massenproteste,

die gigantischen Proteste, die Absperrung des gesamten Stadtzentrums, scheint nicht funktioniert zu haben.«

Dennoch beobachtet Marcel neue Formen des Protestes. Es gibt Aufrufe zu Massenstreiks und bereits Streiks an den Universitäten. Da Streiks von Studierenden keine wirtschaftlichen Konsequenzen nach sich ziehen, bleibt ihre Bedeutung eher symbolisch. »Ich denke aber, wenn das so weitergeht, wenn das weiter wächst, wenn es nicht nur abends, sondern auch tagsüber Straßenblockaden gibt, wenn es wirklich Massenstreiks gibt, auch spontane, die nicht mit Gewerkschaftsorganisationen zusammenhängen, dann hat der Protest eine Chance. Das ist sicher gut und hat manchmal funktioniert, aber es scheint, dass es diesmal vielleicht nicht reicht.«

Apfelwein und deutsche Politik

Für Max ist es bereits die dritte Emigration. In Deutschland fühlt er sich sicherer als in dem Land, in das er zuvor ausgewandert ist. »Ich habe wirklich Angst, das zu sagen, aber ich bin gerade tatsächlich glücklich. Ich fühle mich wohl, und dieses Gefühl hatte ich für eine lange Zeit nicht mehr.« Zum einen hat er Freund*innen um sich herum, zum anderen klappt die Anpassung besser als zuvor. Es fällt ihm zwar immer noch schwer, längerfristige Pläne zu machen, aber zumindest kann er sich nun mehr entspannen. Früher dachte er, entspannt zu sein, wäre etwas Schlechtes. Doch jetzt merkt er, wie wichtig dies gerade im Exil ist, um nicht auszubrennen.

Allerdings fühlt sich Max entfremdet von den politischen Diskursen und Grabenkämpfen innerhalb der deutschen Linken. Entweder, weil diese Diskurse in Russland so nicht geführt werden oder sie ihm so weit entfernt von seiner Lebensrealität im Exil vorkommen: »Viele Leute fragen mich: ›Israel, Palästina, auf welcher Seite bist du?‹ Es ist nicht so, dass ich nicht darüber nachdenke oder dass ich mich nicht damit beschäftigen will. Aber ich denke, dass ich darin einfach kein Experte bin.« Diese und andere Fragen scheinen für Max in Deutschland eine große Rolle zu spielen. »Und sie erwarten von dir, dass das auch wichtige Fragen für dich sind oder du alles weißt, aber sorry, ich muss mich um meine Versicherung kümmern.« Insbesondere im Vergleich mit der

Situation in Russland und in der Ukraine scheint es Max manchmal so, als würden linke Menschen in Deutschland nicht verstehen, was sie alles haben und wie viel sie damit auch verlieren können. Dies wird für ihn besonders deutlich mit Blick auf die Wahlen 2024 in Brandenburg, Thüringen und Sachsen. Mit Sorge blickt er auf die Umfragewerte der Alternative für Deutschland, weil auch er sich und seinen Aufenthaltsstatus davon bedroht sieht. Aus diesem Grund fängt er nun an, sich mehr mit deutscher Politik zu beschäftigen. Er liest zwar noch zweimal am Tag die Nachrichten aus Russland, hat aber inzwischen auch verschiedene deutsche Medien abonniert.

In Deutschland hat Max gemeinsam mit Genoss*innen das Kollektiv *Äppelwoi Komitee* gegründet. Für den Namen hat sich das Kollektiv laut Max in Anlehnung an den in Hessen beliebten Apfelwein entschieden. Gemeinsam haben sie bereits mindestens vier Treffen in kleinen Datschen organsiert. An den Treffen teilgenommen haben vor allem diejenigen Anarchist*innen im Exil, die, so Max, »die meisten ihrer dringendsten Probleme lösen konnten und jetzt genug Energie haben, um aktiv zu werden.« Auf den Treffen schreiben sie Briefe an politische Gefangene und kommen in einen gemeinsamen, informellen Austausch. Sie versuchen Menschen mit unterschiedlichen Expertisen zusammenzubringen, um voneinander lernen zu können. Auch wenn es nur kleine Schritte sind, schaffen sie durch die Regelmäßigkeit ihrer Treffen eine kontinuierliche Verbindung zwischen den Menschen, was für eine Organisierung wichtig ist. Zu den Treffen laden sie jedoch nicht nur Anarchist*innen aus Russland ein, sondern versuchen auch Kontakt zu lokalen Strukturen aufbauen zu können.

Neben diesen Vernetzungstreffen organisiert *Äppelwoi* zudem in verschiedenen Städten weltweit Filmvorführungen im politischen Gedenken an den im Jahr 2023 in Bachmut gefallenen Anarchisten Dmitrij Petrow. Sie zeigen den Film »The Moscow Mutiny«, der die Bolotnaja-Proteste in Moskau im Jahr 2012 beleuchtet, in denen Petrow eine tragende Rolle gespielt hat. Wenn Max den Film sieht, beeindruckt es ihn, festzustellen, wie viel freier Russland damals war: »Ja, okay, es war schon auch ziemlich schlecht damals vor zehn Jahren. Aber wenn du das mit heute vergleichst, denkst du dir: ›Wow, alles ist so frei. Alles ist so liberal.‹ Es ist, als würden wir heute in einem anderen Land leben, dabei ist das alles nur zehn Jahre her.« Insgesamt haben sie den Film bereits um die 40 Mal gezeigt, unter anderem auch in Rojava. Im Anschluss an die Filmvorführung folgt jedes Mal eine Diskussion, die von einem *Äppelwoi*-Mitglied oder anderen Exil-Anarchist*innen geleitet wird. Bei der Filmvorführung und Diskussion in Hamburg haben laut Max ungefähr 55 Menschen teilgenommen, die Hälfte von ihnen waren Deutsche. »Für mich ist das ein Zeichen der Qualität einer Veranstaltung, wenn dort nicht nur Exil-Russ*innen sind, die aus Gründen der Nostalgie gekommen sind.« Dennoch kritisiert Max, dass das Kollektiv immer noch zu sehr im eigenen Kreis bleibt und noch nicht genug Kontakt nach außen aufbauen konnte. Auch wenn sich Menschen in Deutschland allein wegen der Ermordung Alexej Nawalnys für das Thema der russischen Opposition interessieren, hat Max trotzdem das Gefühl, dass die Anarchist*innen eher im Schatten bleiben. Trotzdem behält er seinen Optimismus bei: »Ich denke, wir müssen mit dem weitermachen, was wir gerade machen, mit genug Energie und Schritt für Schritt. Aber wir müssen auch offen für Neues sein, für neue Herausforderungen, neue Aufgaben und wer weiß, vielleicht kommt eine Überraschung, die uns weiterhilft.«

Feministischer Widerstand gegen den Krieg

Iness ist eine Anwältin und engagiert sich für die Verteidigung der Menschenrechte. Seit über zehn Jahren setzt sie sich für den Schutz und die Rechte von Frauen, insbesondere aus vulnerablen Gruppen, ein. Inzwischen ist sie auch in der Wissenschaft tätig und versucht dort, eine feministische Perspektive in das sonst so trockene und eher konservative Feld der Rechtswissenschaft reinzubringen. Iness hat Russland bereits vor einigen Jahren verlassen, nachdem die Organisation, für die sie gearbeitet hat, in den Augen des russischen Staates zu einem ›ausländischen Agenten‹ wurde. Da ihre Arbeit dadurch in Russland praktisch unmöglich wurde, entschloss sich die NGO, ihre Arbeit aus dem Ausland heraus fortzusetzen. Das Ankommen im Exil war für Iness zunächst sehr schwer: »Ich meine, wenn du das Land so verlässt, ist es etwas anderes, als wenn du ein*e Promovend*in bist, wobei alles irgendwie für dich vorbereitet ist und Menschen auf dich warten. Zumindest ist alles organisiert und du hast klare Anweisungen. Aber wenn du mit deiner Organisation das Land verlässt, gibt es das nicht. Du musst dich um alle Dokumente kümmern, denn da ist niemand anderes.« Dazu kommt das Gefühl, eine Art Doppelleben zu führen, was ihr vor allem zu Beginn der Emigration zu schaffen machte: Sie lebt in Europa, arbeitet aber zu Osteuropa und Zentralasien. »Physisch bist du an dem einen Ort, mental aber an einem anderen.«

Den Beginn des vollumfassenden Krieges gegen die Ukraine beschreibt Iness als besonders schwer: »Im ersten Jahr war es wirklich hart, dass Menschen in Europa nicht in der Lage waren, zu verstehen, wie tief dieser Krieg in dir ist. Ich meine, wie er permanent in dir existiert.« Als die Mobilmachung im September 2022 kam, wurde der Krieg für sie persönlicher. Immerhin konnten viele ihrer Freunde aus Russland vor der Mobilisierung fliehen. Sie verlor in dieser Zeit jedoch auch eine enge Freundin, die sie seit vielen Jahren aus anarchistischen Kreisen kannte. Nachdem diese Freundin anfing, den Krieg zu unterstützen, kam es zu einem Kontaktabbruch, den Iness über viele Monate verarbeiten musste.

Um aktiv zu werden, schloss sich Iness der lokalen Zelle des inzwischen in Russland als unerwünscht anerkannten *Feministischen Antikriegswiderstands* (Feministskoje antiwojennoje soprotiwlenije, FAS) an. Der FAS ist eine horizontale Organisation, die nicht wirklich eine feste Struktur hat und somit, laut Iness, eigentlich gar keine Organisation im klassischen Sinne ist. Denn als der Krieg begann, wurde es für viele NGOs aufgrund der eskalierenden Repressionen und des veränderten politischen Klimas immer schwieriger, ihre Arbeit fortzusetzen. Während also vielen NGOs die Hände gebunden waren, da sie ihren Status als NGO oder ihre Mitarbeiter*innen zu schützen versuchten, konnten horizontale Graswurzelinitiativen wie der FAS aktiv werden, da sie mit ihrer losen Organisationsform für den Repressionsapparat schwerer zu fassen sind. Dadurch konnte FAS damit beginnen, die Ressourcen und Informationen verschiedener NGOs dazu zu teilen, wie man der Mobilisierung entkommen und aus dem Land fliehen kann oder wie man an eine*n Anwält*in kommt. »Zuvor existierten NGOs in der einen Welt und die Menschen, die auf sie angewiesen waren, in einer anderen. FAS konnte diese beiden Welten verbinden, weil er auf allen Ebenen so offen war, und das auch nicht nur in den großen Städten wie Moskau und St. Petersburg, sondern auch in den weit entfernten Regionen Russlands.« Die weit im Osten Russlands liegenden Regionen, wie Burjatien, Tuwa, Baschkortostan, Kalmückien oder Inguschetien, in denen vor allem Menschen wohnen, die indigenen Ethnien angehören, sind besonders stark vom Krieg betroffen. Putin mobilisiert vor allem eben in diesen größtenteils sehr armen und strukturschwachen Regionen. Die mehrheitlich eingezogenen Männer werden in Himmelfahrtskommandos als Kanonenfutter verheizt, weswegen diese Regionen, hochgerechnet auf 100.000 Einwohner*innen, die höchsten Verluste verzeichnen. Daher ist für den FAS auch die Frage der Dekolonialisierung Russlands ein wichtiges Thema.

Das Besondere am FAS ist, dass er offen für Menschen ohne aktivistische Erfahrung ist: »Der Feministische Antikriegswiderstand machte deutlich, dass du ein*e Aktivist*in sein kannst. Es ist genug, kleine Zeichen an deinen Klamotten zu tragen, einen Sticker zu kleben. FAS lud auch Menschen ein, die nicht, ich weiß nicht, Reifen anzünden oder sowas, sondern richtete sich auch an andere Menschen, einfache Menschen.« Aufgrund der Repressionen und der strengen Überwachung sind, so Iness, nur noch kreative Aktionen in Russland möglich. So haben Mitglieder des FAS zum Beispiel eine Zeitung, die *Schenskaja Prawda* (Frauenwahrheit) entworfen, die einer klassischen Tageszeitung in Russland gleicht. In ihr drucken die Aktivist*innen Artikel zu feministischen Themen und zu Themen des Widerstands gegen den Krieg ab. Diese Zeitung lässt sich aufgrund ihres unauffälligen Formates leicht in Briefkästen einwerfen oder Verwandten geben. Die Informationen werden so zugänglich und können leichter diskutiert werden. »Es gab viele Dinge und da kommen auch noch viele Dinge. Und Menschen teilen diese Aktionen, sie teilen ihre Performances, öffentliche Aktionen, egal welches Zeichen des Protests. Denn für viele Menschen in Russland ist es wichtig zu wissen, dass du nicht allein bist, dass da zumindest eine andere Person ist und du nicht einfach verrückt bist.« Der FAS ist in den vergangenen zwei Jahren gewachsen und auch die Aufmerksamkeit im Ausland hat zugenommen: Der Twitter-Account des FAS hat über 12.000 und der Telegramkanal über 35.000 Abonnent*innen.

Doch der feministische Widerstand hat sich nicht nur innerhalb, sondern auch außerhalb Russlands formiert. Insgesamt gibt es mindestens 40 Zellen des feministischen Widerstands. Und diese sind leicht zu finden, da die meisten Zellen einen eigenen Instagram-Account haben.

> »Sie haben angefangen, die Menschen, die Aktivist*innen außerhalb und innerhalb Russlands zusammenzubringen. Manchmal einfach nur dadurch, dass die Menschen in Russland die Sprüche, die sie zu einer Demonstration auf Schildern getragen hätten, aber wegen der Repressionen nicht konnten, mitgeteilt haben. Die Aktivist*innen außerhalb Russlands sind dann an ihrer Stelle mit ihren Worten zu Demonstrationen gegangen. Das schafft ein Gefühl, dass du gehört werden kannst. Ich meine, Menschen in Russland können gehört werden und Menschen in Europa und außerhalb Russlands haben das Gefühl einer Verbindung. Das ist eine gemeinsame Aktion.«

2023 hat der FAS den Friedenspreis der Stadt Aachen gewonnen. Es wurde nach gemeinsamer Diskussion entschieden, das Preisgeld unter Graswurzelbewegungen zu verteilen. Diese Preisverleihung ist in Iness' Augen ein großer Erfolg und ein weiterer Beweis dafür, dass der FAS international an Anerkennung gewonnen hat. Der Erfolg und den Einfluss, den der FAS durch seine Aktionen hat, ließe sich sonst nur schwer messen, so Iness.

> »Zum Beispiel die Spende aus Aachen: Wenn das genug Geld ist, um eine Person aus Russland rauszuholen, ja dann hat das schon eine Auswirkung. Das hat eine Wirkung, weil eine Person nicht in der Armee ist. Das ist gut, ja. Also eine Person, die da nicht hingehen wollte. Aber in Bezug darauf, ob der Krieg noch passiert, passiert der Krieg noch. Ich denke, sehr wichtig ist der Effekt der psychologischen Unterstützung und dass Aktivist*innen nicht allein sind. Ich denke, das ist wichtig, weil du das nicht messen kannst. Aber wenn dadurch die Lebensqualität von Menschen zumindest nicht so schlimm ist, wie sie sein kann, dann ist das schon eine Wirkung.«

In der Arbeit des FAS ist für Iness besonders die feministische Perspektive auf den Krieg relevant. Da geht es zum einen um die Unterstützung ukrainischer Frauen, die geflohen sind, oder um den Kampf gegen sexuelle Ausbeutung, von der viele Ukrainer*innen auf ihrer Flucht bedroht sind. Zum anderen geht es für Iness auch um die Familien der Soldaten, die gegen ihren Willen in den Krieg verschleppt wurden. Natürlich sei es wichtig, potenzielle Soldaten vor einer Mobilisierung zu schützen und ihnen bei der Flucht zu helfen. Es sei aber auch wichtig, sich mit der Frage zu beschäftigen, wie einem Anstieg häuslicher Gewalt nach einer Rückkehr dieser Soldaten aus dem Krieg entgegenzuwirken sei. Dass es diesen Anstieg gibt, belegt bereits eine Studie des Netzwerks der russischen Frauenhäuser. Viele Soldaten kehren nach dem Krieg schwer traumatisiert zurück und bekommen keine psychologische Hilfe. Zudem wird häusliche Gewalt in Russland seit 2017 nur noch als Ordnungswidrigkeit geahndet. Allerdings sieht Iness mit diesem Problem nicht nur die russische sondern auch die ukrainische Gesellschaft konfrontiert. Sich mit diesen Konsequenzen des Kriegs auseinanderzusetzen, ist eine gesamtfeministische Herausforderung.

Der Krieg bringt Iness konstant in einen inneren Dialog mit sich selbst. Besonders laut und omnipräsent war dieser im ersten Jahr des Kriegs. Sie versucht, ihre anarchistischen Überzeugungen dabei zu bewahren. So hat sie sich dafür entschieden, eher für medizinische und humanitäre Hilfe als für Waffen zu spenden, wobei sie allerdings betont, dass sie ihre Genoss*innen an der Front nicht verurteilt, sondern unterstützt. Besorgt beobachtet sie jedoch, wie manche Menschen in Russland versuchen, sich auf eine Art mit Russland zu de-identifizieren. »Du kannst damit aber nichts machen. Du kannst eine andere Staatsbürgerschaft haben. Du kannst in einem anderen Land leben. Aber du kannst das nicht aus dir herauslöschen. Das ist unmöglich. Und das ist schmerzhaft.« Was Iness dabei jedoch Halt gibt, ist, dass sie das tut, was gerade das Richtige ist: »Ich tue, was getan werden muss und ich tue es, statt zu weinen oder zu doomscrollen. Ich bevorzuge es, zu handeln.«

Solidarisch mit den Partisan*innen

Seit Beginn des vollumfänglichen Angriffs Russlands auf die Ukraine dringen Berichte über Antikriegsaktionen auch zu deutschen Medien durch. Da Massenproteste in Russland praktisch unmöglich geworden sind, führen viele Aktivist*innen Einzelaktionen durch. Kunst, Postings in den sozialen Medien, Performances oder das bloße Sprechen gegen den Krieg können langjährige Haftstrafen nach sich ziehen. Diese politischen Gefangenen erhalten oft Unterstützung größerer Menschenrechtsorganisationen. Harschen Repressionen sind aber auch jene ausgesetzt, die ihrer Antikriegshaltung mit anderen Mitteln Ausdruck verleihen: beispielsweise mit Sabotageakten an Schienen oder Brandanschlägen auf Rekrutierungsbüros. Bürgerliche Menschenrechtsorganisationen unterstützen diese Form des Partisanenkampfes meist nicht, da sie ihre Militanz nicht gutheißen. Diese Lücke in der Solidarität füllt die von Anarchist*innen gegründete Organisation *Solidarity Zone* (Zona Solidarnosti). Die Mitglieder von *Solidarity Zone*, die allesamt ehrenamtlich in dem Projekt arbeiten, organisieren Anwält*innen, nehmen Kontakt zu den Angehörigen der Angeklagten auf und sammeln finanzielle Unterstützung, verschicken Päckchen in die Gefängnisse, sofern dies erlaubt ist, schreiben Briefe an die Gefangenen und sorgen für eine mediale Begleitung. In ihrem Telegramkanal informieren sie zudem über die Gerichtstermine, um solidarischen Beistand zu mobilisieren.

So unterstützt *Solidarity Zone* zum Beispiel den Anarchisten Alexei Roschkow, der als Verkäufer in einem Elektronikgeschäft arbeitete und politisch aktiv war. Im März 2022 warf Roschkow drei Molotow-Cocktails auf ein Rekrutierungsbüro in Berjosowski, nahe Jekaterinburg. Laut *Solidarity Zone* war er mit dieser Aktion der dritte, der seit dem 24. Februar 2022 einen Brandanschlag auf ein Rekrutierungsbüro verübte. Da sich in dem Gebäude noch ein Wachmann aufhielt, wurde Roschkow versuchter Mord vorgeworfen. Nach sechs Monaten Untersuchungshaft konnten keine ausreichenden Beweise für diese Anklage gefunden werden, weswegen nun der Vorwurf der Sachbeschädigung im Raum stand. Ende 2022 gelang es Roschkow, vor den Ermittler*innen nach Kirgistan zu fliehen. Sechs Monate später wurde er jedoch von Beamt*innen der lokalen Strafverfolgung entführt, damit er auf inoffiziellen Weg an die russischen Behörden ausgeliefert werden konnte. In Russland wurde er von FSB-Mitarbeiter*innen gefoltert und in Untersuchungshaft genommen. Roschkow ist nun mit verschiedenen Strafen konfrontiert: Das ursprüngliche Strafmaß wurde von Sachbeschädigung zu Terrorismus heraufgesetzt; ihm wird zudem die Rechtfertigung von Terrorismus und die Verbreitung von Falschinformationen über die russische Armee vorgeworfen. Die letzten beiden Vorwürfe führen die Strafverfolgungsbehörden auf ein Interview zurück, welches er dem YouTube-Kanal »Chodorkowski Live« während seiner Zeit in Kirgistan gegeben hat. All diese Anklagen können zusammengerechnet zu einer Haftstrafe von bis zu 22,5 Jahren führen. Psychiatrische und psycholinguistische Expert*innengutachten sollen nun seine Schuld beweisen. Roschkow selbst widerspricht den Ergebnissen dieser Gutachten. Um eine Überprüfung der Gutachten finanzieren zu können, sammelt *Solidarity Zone* nun Geld.

Ein weiterer Fall, den die Gruppe begleitet, ist der der 19-Jährigen Valeria Sotowa. Diese wurde am 28. Juni 2023 zu sechs Jahren Haft wegen der Vorbereitung eines terroristischen Akts verurteilt. Die Verurteilung basiert auf Nachrichten, die Sotowa zunächst mit einem gewissen ›Andrej‹ und schließlich mit ›Karina‹, einer Freundin von ›Andrej‹, austauschte. Beide kontaktierten Sotowa kontinuierlich auf unterschiedliche Weise und wollten sie zu Brandanschlägen überreden. Sotowa lehnte diese Aufforderungen jedoch immer ab und zeigte die Unterhaltungen sogar ihrer Mutter. Bei ihrer Festnahme wurde sie von maskierten Männer aus einem Auto gezerrt, in dem auch ›Karina‹ saß. ›Karina‹ wurde in dem Prozess überraschenderweise nicht angeklagt, sondern im Gegenteil als Zeugin berufen. Es stellte sich heraus, dass ›Karina‹ eine FSB-Agentin ist und die Kontaktaufnahmen mit Valeria Sotowa, wie es der FSB zugibt, ein Ermittlungsexperiment war. Obwohl dem Gericht die Unterhaltungen zwischen Sotowa und ›Andrej‹ sowie ›Karina‹ vorliegt, aus denen hervorgeht, dass Sotowa sich nicht in die Brandanschläge verwickeln lassen wollte, wurde sie verurteilt. »Valeria wird die nächsten sechs Jahre im Gefängnis verbringen, wegen eines Experiments, das der FSB an Menschen durchführte«, wie *Solidarity Zone* auf Instagram schreibt.

Die Gruppe unterstützt auch Ruslan Zinin, einen Fahrer von Holzfällerfahrzeugen aus Ust-Ilimsk in Sibirien, der in den ersten Wochen der Mobilisierung international bekannt wurde. Am 26. September 2022 schoss Zinin auf einen Militärbeamten in einem Einberufungszentrum der Stadt. Der Militärbeamte wurde ins Krankenhaus gebracht und überlebte den Angriff. Zinin wurde zunächst des versuchten Mordes, dann des Terrorismus angeklagt. Später gab er an, er habe durch den Angriff die Mobilisierung seines 18-Jährigen Bruders verhindern wollen, nachdem sein bester Freund, der keinerlei militärische Erfahrung besaß, in die Ukraine geschickt wurde und dort gestorben ist. Wegen des Angriffs wurde Zinins Bruder nicht mobilisiert, Zinin selbst aber zu 19 Jahren Haft verurteilt. Zu ihrer Unterstützung schreibt *Solidarity Zone* auf ihrem Instagram-Account: »Unser Ziel ist es, Ruslans Position zu verteidigen, dass es sich nicht um einen Akt des Terrorismus handelte und auch niemanden allein zu lassen, der sich gegen eine gesamte Machtstruktur gestellt hat.« Ende Juli 2024 wurde das Strafmaß noch einmal auf 20 Jahre erhöht. Zinin selbst sagte laut *Solidariy Zone*, dass das Urteil »einfach nur die Zerstörung einer Person« sei.

Mit der Unterstützung der Angeklagten dieser Strafverfahren, und damit der in den Augen der russischen Sicherheitsbehörden terroristischen Handlungen, begeben sich die Mitglieder von *Solidarity Zone* in Gefahr. Daher agieren einige von ihnen, die nach wie vor in Russland aktiv sind, anonym. Andere Mitglieder, die nach Europa oder in ehemalige Staaten der Sowjetunion geflohen sind, können offener sprechen. So auch Lisa und Pjotr. Pjotr sah sich gezwungen, Russland zu verlassen, um politisch weiter aktiv zu bleiben. Nach einer Lagerhaftstrafe befand er sich unter administrativer Beobachtung, was bedeutete, dass er nichts ohne Wissen des FSB tun konnte. Als er in den ersten Kriegstagen Flugblätter verteilte und an Demonstrationen teilnahm, kam es zu mehreren Festnahmen. »Ich habe gemerkt, dass mir quasi die Hände gebunden waren. Ich konnte nicht wirklich etwas tun. Ich könnte mehr tun, wenn ich an einem sichereren Ort wäre.« Aus dem Ausland heraus kann er nun die Arbeit von *Solidarity Zone* online unterstützen. Er kümmert sich um die Berichterstattung und gibt Informationen an die Medien weiter. Würde er nach Russland zurückkehren, drohte ihm vermutlich eine Haftstrafe für die Verletzung seiner Auflagen. Lisa floh im September 2022 vor den Repressionen. Für sie ist die Arbeit bei *Solidarity Zone* eine Möglichkeit, ihre anarchistischen Ideale in die Praxis umzusetzen.

> »Ich mache meine Menschenrechtsarbeit weiter, weil ich davon überzeugt bin, dass Gefängnisse nicht notwendig sind. Und all die Nachrichten über Repressionen und die Unterstützung von Gefangenen ist eine zeitlich begrenzte Sache. Wenn eine Person verurteilt wird und zehn, zwanzig Jahre in Haft verbringen muss, ist sie schnell vergessen. Und das ist unheimlich. Ich habe Freund*innen mit ähnlich langen Haftstrafen, die auch vergessen wurden. Wenn ich schon nicht Gefängnisse abschaffen kann, dann kann ich zumindest jene unterstützen, die in ihnen sitzen.«

Leben im Exil

Die Flucht aus Russland und das Ankommen in einer neuen Gesellschaft verlangen den Betroffenen sehr viel ab. Iness hebt hervor, dass Menschen, die mit 35 bis 40 Jahren fliehen, in Russland meist bereits ein Leben hatten. Sie hatten vermutlich eine Arbeit, vielleicht haben sie schon eine Familie gegründet. Nach der Flucht müssen sie in einem Land, in dem niemand auf sie wartet, von vorne anfangen. Dazu kommt die psychische Belastung, die mit einer Flucht einhergeht. Dabei ist es ihr wichtig zu betonen, dass diese Schwierigkeiten nicht mit dem Leid der Ukrainer*innen, welches der russische Krieg ihnen zufügt, zu vergleichen ist. Viele Anarchist*innen sind vor politischer Verfolgung geflohen, andere vor der Mobilisierung. In Russland waren sie vielleicht schon Repressionen ausgesetzt. Für sie geht es um ihre Selbsterhaltung, wofür sie vieler Ressourcen, wie Geld, Zeit und Netzwerke, bedürfen. Nicht alle sprechen Englisch oder die Sprache des Landes, in das sie fliehen, wodurch ein Ankommen zusätzlich erschwert wird: »Ich habe einige Russ*innen hier im Exil getroffen, die ein humanitäres Visum hatten und weder Englisch noch Deutsch sprechen. Sie können keinen Job finden. Sie leben in wirklich kleinen Dörfern ohne Supermarkt. Das sind die schlimmsten Beispiele der Integration, sie sind praktisch Schatten, sie wissen nicht, was sie tun sollen. Sie haben keine sozialen Verbindungen, keine beruflichen Verbindungen, nichts. Und sie müssen sieben Kilometer laufen, um Brot zu kaufen«, berichtet Max.

Sich in dieser schwierigen Zeit mit Menschen zu umgeben, die ähnlich denken wie man selbst und mit denen Standpunkte nicht erst ausgehandelt werden müssen, sondern man ins gemeinsame Handeln kommt, hilft laut Rustik: »Das ist vor allem eine selbsttherapeutische Sache, die man machen kann. Sich nicht allein in dieser abgefuckten Welt zu fühlen.« Es ist wichtig, so Max, nicht die Hoffnung zu verlieren. Auch wenn laut Max noch zu viele Genoss*innen nur radikal in ihren Worten, nicht aber in ihren Taten sind, trifft er immer wieder alte und neue Freund*innen, die motiviert sind und noch nicht das positive Denken verloren haben. Für ihn ist klar, dass sie alle im Moment nicht zurück nach Russland können und ihren Platz in den jeweiligen Ländern finden müssen. Es sei wichtig, Stabilität zu finden, denn, »was heißt das, zurück ins normale Leben zu kommen. Es gibt kein normales Leben, wenn du ein Flüchtling bist.« Teil der anarchistischen Szene zu sein kann helfen, Anschluss zu finden. Marcel berichtet von den vielen Kontakten, die er bei einer Fundraising-Tour schließen konnte. Dadurch hat er Verbindungen in viele verschiedene Länder. In den Städten die Zeichen einer anarchistischen Szene zu sehen, motiviert ihn: »Wenn ich zum Beispiel nach Deutschland gehe, sehe ich viele anarchistische Projekte, viele soziale Zentren und eine große Bewegung. Ich gehe nach Belarus und sehe die Genoss*innen, großartige Personen, die so viel Mut haben. Und dann gehe ich nach Griechenland und sehe viele Squats, Kollektive und Versammlungen.«

Eine Rückkehr nach Russland kommt im Moment für sie alle nicht infrage – die Gefahr, bei einer Einreise im Gefängnis zu landen, ist zu groß. Allerdings würden es Max, Rustik und Marcel in Betracht ziehen, wenn sich Anzeichen eines substanziellen Widerstandes ausmachen lassen würden. Iness könnte sich eine Rückkehr dann vorstellen, wenn ihre Arbeit und ihr Expert*innenwissen in Russland gebraucht werden würden. Sie betont jedoch, dass es das Russland, das sie verlassen hat, so nicht mehr gibt:

> »Ich vermisse die Stadt, in der ich gelebt habe. Ich vermisse diese Stadt, die nicht mehr existiert, weil die Menschen, die dort gelebt haben, geflohen sind. Die Orte, die es dort gab, sind geschlossen, weil die Menschen geflohen sind. Weißt du, es ist wie wenn du als Student*in in deine Heimatstadt kommst, aber jetzt bist du alt und die Orte, an die du dich erinnerst, gibt es nicht mehr. Aber nicht wegen meines Alters, sondern wegen des Krieges gibt es die Stadt, die ich geliebt habe, nicht mehr.«

... an der Front

Aufgrund der sich verschärfenden Repressionen sind schon in den letzten fünf bis zehn Jahren einige Anarchist*innen und Antifaschist*innen aus Ländern wie Belarus oder Russland in die Ukraine geflohen. Dort haben sie sich mit den lokalen anarchistischen Initiativen vernetzt. Die Repressionen der Sowjetzeit, die gesellschaftliche Projekte wie die Machnowschtschina zerstörten, fügten dem Anarchismus in der Ukraine einen schweren Schaden zu. Während der Proteste auf dem Maidan und der ›Revolution der Würde‹ 2014 erlebte er jedoch einen Aufwind. Die seit 2014 andauernde militärische Aggression Russlands gegen die Ukraine und die sich anbahnende Zuspitzung durch das Aufrüsten Russlands an der Grenze bewegten einige ukrainische Anarchist*innen und Antifaschist*innen zum Ergreifen von Vorbereitungen. Mit dem vollumfassenden Angriff am 24. Februar 2022 entstand das *Resistance Committee* (Komitet Sprotywu), welches den antiautoritären Widerstand gegen die russische Invasion vernetzte. Über einen Telegramkanal werden Updates über die kämpfenden Anarchist*innen veröffentlicht. Einige der Mitglieder des Widerstandkomitees schlossen sich dem antiautoritären Platoon an, welches sich zu Beginn der Invasion formierte. 2022 bestand das Platoon aus 50 bis 75 Kämpfer*innen, die unter anderem aus der Ukraine, Russland oder Belarus kamen. Zudem schlossen sich antifaschistische Fußball-Hooligans des Vereins Arsenal Kyjiw an. Ein Teil des Platoons besaß bereits Kampferfahrungen durch ihre Zeit bei der kurdischen YPG. Das antiautoritäre Platoon war eine Einheit der Territorialverteidigung in der Region Kyjiw. Die Territorialverteidigung wurden nach Russlands Invasion 2015 gegründet, ist der weniger professionelle Arm der ukrainischen Armee und gleicht eher einer Miliz. Hier kämpfen vor allem Reservist*innen und (internationale) Freiwillige. Die Ausstattung der Einheiten in der Territorialverteidigung ist weitaus geringer als die der offiziellen ukrainischen Streikkräfte ZSU. Um an Helme, Westen, Fahrzeuge, Drohnen oder Nachtsichtgeräte zu kommen, sind die Kämpfer*innen der Territorialverteidigung auf Spenden angewiesen. Für die antiautoritären Kämpfer*innen organisieren in Deutschland Gruppen wie *Radical Aid Force* oder *Good Night Imperial Pride* Spendenkampagnen, um die überlebenswichtige Ausrüstung zu kaufen und an die Front zu bringen.

In seiner Reflexion der ersten vier Monate des Platoons geht Dmitrij Petrow auf die Frage ein, warum die Anarchist*innen keine vom ukrainischen Staat und der Armee unabhängige Kampftruppe gegründet haben:

> »Könnten wir unter den gegenwärtigen Bedingungen einen bewaffneten Kampf unabhängig von der staatlichen Armee führen? Die Antwort ist ein klares Nein. Die meisten dieser Ideen sind weit weg von der Ukraine und der lokalen Situation entstanden. Zunächst einmal sind wir nicht organisiert genug und verfügen nicht über genügend Ressourcen, um ernsthaft den Anspruch zu erheben, eine unabhängige bewaffnete Kraft zu bilden. Gleichzeitig verfügt der ukrainische Staat über genügend Kraft und Willen, um jede völlig autonome Kraft zu unterdrücken. In einer solchen Situation ist ein vom Staat unabhängiger Guerillakrieg nur in den von der russischen Armee besetzten Gebieten möglich.«

In einem Interview mit der *tageszeitung* betonte Petrow zudem, dass es bei dem Kampf der Anarchist*innen nicht um die Verteidigung der Souveränität eines Nationalstaats ginge, sondern um die Verteidigung der »Existenz einer Gesellschaft«, die durch die russische Invasion bedroht werde: »Am Beispiel der Städte, die bereits von russischen Kräften erobert wurden, können wir sehen, wie Millionen Menschen vertrieben wurden. Tausende von Menschen werden verhaftet, gefoltert. Wie das politische Regime in diesen, wie sie es nennen, ›befreiten Gebieten‹ handelt, kann man nicht anders als totalitäre Diktatur beschreiben. Für uns ist das ein natürlicher Grund, uns zu wehren.«

Auch wenn sich nur ungefähr die Hälfte des Platoons als anarchistisch identifizierte, konnten sie sich auf einen antiautoritären und antiimperialistischen Grundkonsens einigen. Daneben versuchten die Kämpfenden eine Kultur der demokratischen Entscheidungsfindung und der Horizontalität zu schaffen. So berichtete Dmitrij Petrow, wie sie versuchten, Kritik und Selbstkritik in ihre Arbeit einzubauen: »Es wurden stellvertretende Kommandeure der Sektionen gewählt. Eine ihrer Aufgaben war es, Kritik, die über die Sektionsebene hinausging, auf der Kommandeurssitzung an das Zugkommando weiterzuleiten.« Das Platoon sah sich mit verschiedenen Problemen konfrontiert. Zum einen sorgten die heterogene Zusammensetzung, versteckte Machtkämpfe und individuelle Ambitionen immer wieder für Konflikte. Zum anderen hatte das Platoon mit einer männlichen Dominanz und toxischem männlichen Verhalten zu kämpfen. Bis auf zwei Sanitäter*innen bestand das Platoon ausschließlich aus Männern. »Ich glaube, dass ein Teil der Verantwortung auf unseren Schultern liegt, weil die Atmosphäre, die im Kollektiv geschaffen wurde, nicht wirklich zugänglich ist für Frauen«, schrieb Dmitrij Petrow dazu. In den ersten Monaten war das Ausharren und Warten auf den Einsatz ein weiteres Problem. Aufgrund bürokratischer Hindernisse konnte das Platoon nicht zum Kampfeinsatz an die Frontlinie. Stattdessen schlossen sie verschiedene Trainings ab und waren für Sicherheitsaufgaben hinter der Front zuständig. Letztendlich scheiterte das Projekt an der Bürokratie der Armee. Das Platoon wurde aufgelöst, die Kämpfenden teils gemeinsam in verschiedene Einheiten verlegt und noch nicht beim Militär registrierte Personen aus dem Ausland wieder nach Hause geschickt.

Neben dem militärischen Arm des antiautoritären Widerstandes gegen die russische Invasion gibt es in der Ukraine auch humanitäre Hilfe für die kämpfenden Genoss*innen und Zivilist*innen. Die *Solidarity Collectives* (Kollektywy Solidarnosti) entstanden aus der *Operation Solidarity*, die Teil des Widerstandkomitees war. Die *Solidarity Collectives* »arbeiten täglich daran, den Bedarf der Kämpfer*innen zu sammeln, Einkäufe in der Ukraine und im Ausland zu tätigen, humanitäre Reisen in die vom Krieg betroffenen Regionen zu organisieren, mit befreundeten Initiativen zu kommunizieren und die Ergebnisse unserer Arbeit zu veröffentlichen.« Dem Netzwerk der *Solidarity Collectives* haben sich inzwischen nicht nur Gruppen aus der Ukraine sondern unter anderem auch aus Deutschland, Kanada, Frankreich oder den USA angeschlossen.

Ein Bericht von der Front

Alexej musste aufgrund von Repressionen bereits vor dem 24. Februar 2022 Russland verlassen. Mit dem Ausbruch des vollumfänglichen Kriegs, hat sich Alexej, wie auch Dmitrij Petrow und andere aus Russland stammende Anarchist*innen, den ukrainischen Genoss*innen angeschlossen, um gegen die russische Armee zu kämpfen. Über den Messengerdienst Signal hat Alexej mir seine Geschichte erzählt, die hier nun als Bericht zu lesen ist.

»Ich werde mich Alexej nennen. Im Moment bin ich nicht mehr an der Front. Seit Beginn des vollumfänglichen Angriffs war ich im antiautoritären Platoon in der Territorialverteidigung, von dem Du wahrscheinlich schon gehört hast. Als die Dinge dort zusammenbrachen, ging ich an die Front, zur Freiwilligenformation, die tatsächlich Teil einer Fallschirmjäger-Sturmbrigade wurde. Ich kämpfte von September 2022 bis Ende Februar 2023 am nördlichen Abschnitt der Front, die nach der Charkiw-Offensive gebildet wurde, in Richtung Swatowe und Kreminna. Ich habe lange gegen die putinsche Diktatur in Russland gekämpft und war gezwungen, in die Ukraine zu gehen. Als die Invasion begann, war meine erste Reaktion so etwas wie: ›Der hat ja Nerven‹, und dann kam eine rationalere Einschätzung: Wenn Putin jetzt gewinnt, wird das unabsehbares Unheil über die Ukraine bringen und Russland wird auf Jahre hinaus in einen Albtraum der Tyrannei gestürzt werden. Wenn er besiegt wird, wird dies sicherlich zu einer revolutionären Situation in Russland führen. Ich habe also nicht lange gezögert. Außerdem war dies eine Fortsetzung meines Kampfes in Russland mit radikaleren Mitteln, aber meine Genoss*innen und ich hatten uns schon seit einiger Zeit auf das eine oder andere bewaffnete Szenario vorbereitet. Schon Jahre vor Beginn des Krieges habe ich mich mit militärischen Themen beschäftigt und eine taktische Ausbildung gemacht.

Von Beginn des Krieges an arbeiteten die Anarchist*innen in der Ukraine in einer internationalen Zusammensetzung. Sowohl in den Freiwilligenkollektiven als auch im antiautoritären Platoon gab es Ukrainer*innen, Russ*innen und Belaruss*innen. Die ukrainischen Genoss*innen halfen und unterstützten mich die ganze Zeit, sowohl an der Front als auch bei meiner Rückkehr in die zivile Arbeitswelt. Ich bin ihnen sehr dankbar. Vor allem die ukrainischen Genoss*innen aus den *Solidarity Collectives* haben uns sehr unterstützt und tun es immer noch. Auch die russischen Genoss*innen im Exil unterstützen sie nach Kräften. Ich muss sagen, dass die Anarchist*innen in der Ukraine, in Russland und in Belarus praktisch einhellig die Ukraine in diesem

Krieg unterstützen; es mag ein paar Leute geben, die anderer Meinung sind, aber das ist eine Randerscheinung. In meinem Umfeld ist die Unterstützung jedoch einhundertprozentig, und viele Genoss*innen sind auch an die Front gegangen. Insgesamt ist es schwer zu sagen, wie viele Anarchist*innen aus Russland an die Front gegangen sind. Ich persönlich kenne etwa zehn Personen. Leider sind sie jetzt alle auf unterschiedliche Einheiten verteilt.

Hinsichtlich der hierarchischen Strukturen in der Armee hatte ich Glück. Zuerst war ich im antiautoritären Platoon, in dem es informelle Beziehungen gab, und die gesamte Kommunikation mit höheren Ebenen wurde vom Kommandanten übernommen. An der Front wiederum war ich in einer Einheit, die aus Freiwilligen bestand und in der es besondere Beziehungen gab, weit entfernt von der bürokratischen Armee. Im Allgemeinen gilt: Je näher an der Front, desto weniger hierarchische Spielereien gibt es in der Armee. In unserer Kompanie waren die Soldat*innen sowohl mit dem Kommandeur als auch mit dem Zugführer per Du, und ich habe nie eine förmliche Begrüßung durch einen Offizier gesehen. Deshalb weiß ich immer noch nicht, wie es in der ukrainischen Armee den Vorschriften nach zugeht. ☺ Manchmal dachte ich, dass es hier zu viel Anarchie gibt, und wir etwas Armeedisziplin einführen sollten. ☺ Aber wenn wir ernsthaft darüber reden, beruhen all diese hierarchischen Beziehungen auf der unersetzlichen Tatsache, dass es im Kampf ohne Einheitlichkeit des Kommandos nicht geht. Entscheidungen müssen schnell getroffen werden, und es ist besser, schnell eine suboptimale Entscheidung zu treffen, als gar keine. Ich würde sagen, dass sowohl die positivsten als auch die negativsten Momente mit dem Kommando zu tun haben. Im Krieg hängt das Leben eines Kämpfers mehr als alles andere von den Entscheidungen des Kommandeurs ab. Daher erinnere ich mich einerseits mit Dankbarkeit an die Kommandeure, die ihre Untergebenen nicht kopflos zur Schlachtbank führten, sondern immer Möglichkeiten fanden, flexibel und präzise zu handeln, um die Aufgabe zu erfüllen und so viele Menschen wie möglich zu retten. Ich hatte das Glück, solche Kommandeure zu haben. Aber ich habe auch viele andere Beispiele gesehen, in denen unvorbereitete Leute in schwierigem Gelände eingesetzt wurden, die dann ihre Stellungen dem Feind überließen und gefangengenommen wurden; oder wenn Gruppen ohne normale

Aufklärung, ohne Artillerieunterstützung in einen Angriff geworfen wurden – und schwere Verluste erlitten. Dies sind einige der negativsten Eindrücke.

Zum Status an der Front kann ich nur über die Zeit berichten, in der ich selbst dort war. Und ich kann die Strategie des Kommandos nicht beurteilen, ich kann nur etwas aus meiner Perspektive als einfacher Infanterist erzählen. Die Situation änderte sich. Der Zeitpunkt, an dem ich anfing, an den Kämpfen teilzunehmen, im Herbst 2022, fiel genau mit der Mobilisierung in Russland zusammen, als man Scharen von unvorbereiteten, unausgebildeten Soldaten an die Front schickte. Mit entsprechenden Ergebnissen. Ich erinnere mich an einen Angriff, bei dem 30 russische Mobiks[2] vor unserer vorrückenden Gruppe von 16 Soldaten davonliefen und ihre Positionen aufgaben. Nicht, dass wir eine Art Terminator gewesen wären – unsere Artillerie leistete gute Arbeit, sie wurden getötet und verwundet und demoralisiert. Aber wieder aus Unerfahrenheit – anstatt schnell kleine Gräben zu graben, begannen sie aus irgendeinem Grund eine große Grube zu graben, ich weiß nicht, vielleicht wollten sie einen gründlichen Unterschlupf machen. Aber sie hatten keine Zeit, ihn zuzudecken, und als der Beschuss begann, stürzten die meisten von ihnen wahrscheinlich hinein. Ich kann nicht ausschließen, dass sie dort getroffen wurden. Und als sie hörten, dass die Infanterie kam, gerieten sie in Panik und baten um Evakuierung. Wir hörten sie über Funk reden und fingen die Frequenz ab. Sie warfen eine Menge Waffen ab, darunter ein schweres Maschinengewehr ›Utes‹, das uns leicht hätte aufhalten können.

Aber es war natürlich nicht immer so einfach. Mit der Zeit wurden die Mobiks immer besser im Kampf. Es gab Fälle, in denen der Feind eine beachtliche Widerstandskraft zeigte. Mitte Januar wurde es für uns schwieriger, als die Imperialen einen Truppenkonvoi in der Nähe von Kreminna aufstellten. Da haben wir aufgehört zu stürmen und die reguläre Infanterie und die Nationalgarde zur Verteidigung verstärkt. Das war eigentlich die schwierigste Zeit. Es gibt nichts Schlimmeres, als auf den beschossenen Stellungen zu sitzen und den Granateneinschlägen zu lauschen, die auf einen zukommen – hier hat es hundertfünfzig Meter

2 Das Wort leitet sich von ›Mobilisierung‹ ab. (Anm. VB)

vom Graben entfernt eingeschlagen, hier hundert, hier fünfzig. Im Krieg gibt es sicherlich eine Menge innerer Probleme, aber das ist nicht das Wichtigste. Das Regime des Lebens, wenn man regelmäßig starken emotionalen Belastungen ausgesetzt ist, wenn man mehrere Stunden hintereinander unter Adrenalin steht (etwas, das man noch nie in seinem Leben erlebt hat), führt allmählich dazu, dass sich eine sehr große Müdigkeit ansammelt. Nach einigen Monaten an der Front bleibt also vor allem ein Wunsch – sich zumindest ein wenig von alldem zu erholen. Inzwischen habe ich mich ausreichend erholt und bekomme alle Unterstützung, die ich brauche. Es ist möglich, dass ich an die Front zurückkehre.

Anarchismus ist allgemein ausgedrückt ein soziales System, das es dem Menschen ermöglicht, sein Potenzial, sein natürliches Wesen, zu entfalten. Und wenn ich mich entschlossen habe, in irgendeiner Weise am gesellschaftlichen Leben teilzunehmen, sollte es meine erste Priorität sein, ein solches System zu erreichen. Ich halte Anarchie nicht für eine Utopie, die ein für alle Mal das Glück auf Erden schafft, sondern für die Mindestvoraussetzungen für ein vollwertiges menschliches Leben. Passen Anarchismus und Militarismus zusammen? Nun, das hängt davon ab, wie man Militarismus versteht. Wenn man dich angreift, mit dem Ziel, den eigenen Willen durchzusetzen, musst du zurückschlagen, um dich selbst, deine Gemeinschaft, deine Werte zu verteidigen. Das ist kein Militarismus, das ist Selbstverteidigung. Und solange es reaktionäre, aggressive Kräfte auf der Welt gibt, sollten Anarchist*innen bewaffnet und bereit sein. Das wäre auch gerecht, wenn es keinen aktuellen Krieg gäbe. Krieg ist schlecht, aber Krieg muss geführt werden. Deswegen ist die Haltung, dass es in diesem Krieg für Anarchist*innen keine Seite gebe, auch Unsinn. Das ist so ein sphärischer Anarchismus im luftleeren Raum. ☺

Natürlich wird dieser Krieg, wie jeder andere, in jeder Epoche, von allen möglichen politischen Akteuren benutzt. Er hebt unsere eigenen, anarchistischen Interessen nicht auf. Und für die ukrainischen Anarchist*innen ist es einfach eine Frage der Existenz. Mussten sie die Besetzung des Landes und die Säuberung des gesamten politischen Raums durch Putins Macht akzeptieren, nur weil Russlands Niederlage für den Westen günstig sein könnte? Oder hätten wir, die russischen Anarchist*innen, zu unseren ukrainischen Genoss*innen sagen sollen: ›Nun, ihr kämpft hier auf eigene Faust, unsere Überzeugungen erlauben es uns nicht, auf der Seite des Nationalstaates zu kämpfen‹? Und neben diesen moralischen und existenziellen Argumenten gibt es auch unsere rein politische Pragmatik. Wir, die russischen Anarchist*innen, profitieren von der Niederlage von Putins Regime und brauchen sie. Wenn es jemand anderem nützt – super, ich bin bereit, ein taktisches Bündnis einzugehen. Es finden kolossale historische Ereignisse statt, die die Zukunft ganz Osteuropas, vielleicht der ganzen Welt, beeinflussen werden. Und die Sofadenker*innen schlagen vor, dass wir uns da nicht einmischen sollten? Absurd! Sind das politische Aktivist*innen oder Buddhist*innen (bei allem Respekt, den ich für Buddhist*innen habe)? Daher wünsche ich mir von den Genoss*innen im Ausland, dass sie sich organisieren und bewaffnen. Um nicht die Fehler unserer osteuropäischen Bewegung zu wiederholen, die in dieser Hinsicht einen sehr langen und langsamen Schwung hatte und auf die Bedingungen von Diktatur und Krieg nicht vorbereitet war. Ich befürchte, dass auch für Westeuropa die stabilen und relativ friedlichen Zeiten zu Ende gehen.«

In Memoriam Dmitrij Petrow

Am 19. April 2023 wurden drei Anarchisten aus drei verschiedenen Ländern in Bachmut von russischen Soldaten getötet: Finbar ›Heval Çîya‹ Chafferkey aus Irland, Cooper ›Harris‹ Andrews aus den USA und Dmitrij ›Leschij‹ Petrow aus Russland. Der Tod Petrows war ein Schock für die russische anarchistische Szene. Petrow, der nur 33 Jahre alt wurde, war in der Bewegung eine über Russland hinaus bekannte Person und von vielen sehr geschätzt. Nach seinem Tod wurden weitere Details über seine Biographie bekannt, die zeigen, wie eng verknüpft er mit der Geschichte der anarchistischen Bewegung im postsowjetischen Russland war. Politisiert hatte er sich im Russland der Nullerjahre. Gemeinsam mit Iwan Chutorskoj war er in die Straßenkämpfe gegen Nazis verwickelt. Ebenso in die Proteste gegen städtische Verdichtung und für den Erhalt von Wäldern in den späten 2000er- und frühen 2010er-Jahren. Petrows Versuch, den Rodismus, eine slawische neuheidnische Religion, mit Antifaschismus zu verbinden und so den Faschist*innen streitig zu machen, wurde kontrovers diskutiert. Darüber kam es zur Bruch mit der anarcho-syndikalistischen KRAS, in der er einige Zeit organisiert war. Im Sommer 2008 half Petrow gemeinsam mit Anastasia Baburowa in Moskau Geflüchteten, die 1992 durch den Abchasien-Krieg aus Georgien vertrieben und nun von Polizei und einem gewalttätigen rassistischen Mob bedroht wurden. Ein Jahr später wurde Baburowa von Nazis auf den Straßen Moskaus erschossen. Zudem war Petrow Mitglied im Kollektiv *Schwarzer Block* (Tschjornyj Blok), das sich bis 2013 zu zahlreichen Guerillaaktionen gegen Baufahrzeuge und Einrichtungen der Polizei, Armee und der Putins Partei Einiges Russland bekannte. Darüber hinaus war er Gründungsmitglied der Gruppe *Anarchistischer Kämpfer* (Boez Anarchist), die später als BOAK bekannt werden sollte. Petrows internationalistische Überzeugung führte ihn 2014 auf den Maidan, 2016/17 nach Rojava und 2020 nach Belarus. Seine Entscheidung, nach dem 24. Februar 2022 zur Waffe zu greifen, begründete er in einem Abschiedsbrief, den er für den Fall seines Todes hinterlassen hat:

> »Ich tat dies für die Gerechtigkeit, für die Verteidigung der ukrainischen Gesellschaft und für die Befreiung meines Landes, Russlands, von der Unterdrückung. Um all der Menschen willen, die durch das abscheuliche totalitäre System in Russland und Belarus ihrer Würde und der Möglichkeit, frei zu atmen, beraubt werden. [...] Ich glaube fest daran, dass der Kampf für Gerechtigkeit, gegen Unterdrückung und Ungerechtigkeit eine der wertvollsten Bedeutungen ist, mit denen Menschen ihr Leben füllen können. Und dieser Kampf erfordert Opfer, bis hin zur völligen Selbstaufopferung.«

Petrow war sowohl an der Gründung des antiautoritären Platoons, als auch an der der *Solidarity Collectives* und des *Resistance Committees* beteiligt. Er kämpfte in Donezk und Luhansk und in der Schlacht an der Frontlinie zwischen den Städten Swatowe und Kreminna. In Bachmut fiel er schließlich bei der Sicherung des humanitären Korridors, der zur Evakuation der Stadt dienen sollte. In seinen letzten Worten vor Gericht bezog sich Azat Miftachow auch auf Petrow und andere Anarchist*innen, die auf ukrainischer Seite an der Front kämpften und immer noch kämpfen:

> »Doch ganz gleich, wie die Tschekisten [umgangssprachliche Bezeichnung für Geheimdienstmitarbeiter*innen, Anm. V.B.] versuchen, die Zivilgesell-

schaft einzuschüchtern, selbst in diesen dunklen Zeiten gibt es Menschen, die den Mut finden, sich dem Terror entgegenzustellen, der schon über die Grenzen des Staates hinaus wirkt. Indem sie nicht nur ihre Freiheit, sondern auch ihr Leben riskieren, wecken sie das Gewissen unserer Gesellschaft, dessen Fehlen wir heute so deutlich spüren, und ihre Standhaftigkeit bis zum Schluss wird zum Vorbild für uns alle. Eines dieser Beispiele wurde für mich mein Freund und Genosse Dmitrij Petrow (alias Dima Ekolog), der bei der Verteidigung von Bachmut gegen die Soldat*innen starb, die zu einem Werkzeug des Imperialismus wurden. Ich kannte ihn als glühenden Anarchisten, der unter den Bedingungen der Diktatur alles tat, um uns zu einer Gesellschaft zu führen, die auf den Prinzipien der gegenseitigen Hilfe und der direkten Demokratie beruht. [...] Als die düsteren Ereignisse der letzten zwei Jahre ihren Anfang nahmen, konnte er nicht abseits stehen bleiben, und als unternehmungslustiger Genosse bemühte er sich, eine Vereinigung freiheitlich gesinnter Menschen zu gründen, die für die Freiheit der Völker der Ukraine und Russlands kämpfen. Leider gibt es keinen Krieg ohne Opfer, und Dima wurde eines von ihnen. Es wäre ungerechtfertigt egoistisch von mir, nur die Selbstlosigkeit von Fremden zu bewundern und das Opfer derer, die mir persönlich am Herzen liegen, nicht zu akzeptieren. Dessen bin ich mir wohl bewusst, auch wenn ich bedaure, dass mein ganzer Umgang mit ihm nun unwiederbringlich der Vergangenheit angehört. Dennoch fällt es mir schwer, diesen Verlust zu akzeptieren: Da ich weiß, dass er einer der Besten von uns war, und ich mein Bestes tun möchte, damit sein Opfer nicht vergeblich war, muss ich erkennen, dass mein Beitrag im Vergleich zu dem, was er zu leisten vermochte, unbedeutend sein wird.«

★ ★ ★ ★

Doch waren Finbar ›Heval Çîya‹ Chafferkey, Cooper ›Harris‹ Andrews und Dmitrij ›Leschij‹ Petrow nicht die einzigen Antifaschist*innen und Anarchist*innen, die seit dem 24. Februar 2022 in der Ukraine durch die russische Armee getötet wurden. Aufgrund der möglichen Repressionen, die den Kämpfer*innen bei einer Rückkehr nach Hause drohen können, bleiben viele anonym. Daher ist es sehr schwierig, die Namen oder Informationen über alle Gefallenen herauszufinden. Die folgende Aufzählung bleibt somit leider unvollständig:

Ihor ›Crimean‹ Wolchow, Anarchist, Jurastudent und Organisator der studentischen Union aus Charkiw; gefallen am 2. März 2022

Olha ›Tischa‹ Wolkowa, Anarcho-Feministin aus Charkiw; im Krieg als Rettungssanitäterin; erfuhr nach starkem Beschuss in der Region Charkiw einen Schock und starb im August 2022 infolge eines Herzinfarktes

Sergei ›Rubin‹ Petrowitschew, kam aus Russland 2014 in die Ukraine; kämpfte bereits 2015 in der Ostukraine gegen die russische Aggression und verlor dabei ein Bein; gefallen August/September 2022

Yuriy ›Yanow‹ Samoilenko, Antifaschist und Arsenal-Kyjiw-Hooligan; gefallen am 10. September 2022 in der Schlacht um Balaklija

Finbar ›Heval Çîya‹ Cafferkey, Internationalist aus Irland; kämpfte in der Schlacht um Raqqa mit der kurdischen YPG gegen den IS; gefallen am 19. April 2023 in Bachmut

Dmitri ›Leshij‹ Petrow, Anarchist und Internationalist aus Russland; gefallen am 19. April 2023 in Bachmut

Cooper ›Harris‹ Andrews, ehemaliger Soldat der US-Marines, Antifaschist und anarchistischer Aktivist aus Cleveland, Ohio; gefallen am 19. April 2023 in Bachmut

Yevheniy Osiyevskyi, Journalist, erlebte den Beginn des Krieges in einem Wohnheim in der Nähe von Butscha, Homel und Irpin und verfasste darüber ausführliche Berichte; schloss sich danach der Armee an; gefallen am 22. Mai 2023 in der Nähe von Bachmut

Serhii ›Banan‹ Ilchenko, Aktivist der ukrainischen antifaschistischen Gruppe *Schwarze Flagge*, die sich dem Kampf gegen die russischen Truppen angeschlossen hat; verstarb am 11. Juni 2023, zwei Monate nach einer schweren Verletzung

›Zhvir‹ und drei weitere Antifaschist*innen aus Belarus; gefallen Sommer/Herbst 2023

Samuel Newey, Student der Psychologie in Großbritannien, Aktivist und Unterstützer des kurdischen Befreiungskampfes; gefallen am 30. August 2023 in der Ostukraine

›**Marcy**‹, anarchistischer Aktivist aus London; fuhr zuletzt Krankenwagen in Bachmut; gefallen am 11. November 2023 in der Nähe von Awdijiwka

Wolodymyr Antonenko, Bassist in verschiedenen Hardcore-/Screamo-Bands in Odesa; gefallen am 12. Januar 2024

Yurii ›Genosse‹ Lebedew; Anarchist und Aktivist für Arbeitsrechte aus Kyjiw; gefallen Ende Januar 2024 in der Nähe von Bachmut

Roman ›Rewni‹ ›Isus‹ Legar; Anarchist und Aktivist der Gruppe *Revolutionäre Aktion* (Rewoljuzijna Dija), von der sich Mitglieder dem antiautoritären Platoon anschlossen; gefallen am 9. Juni 2024

Ruslan ›Skrypal‹ Tereschtschenko, erlangte bereits in 2014 Kampferfahrung; versuchte nach dem Tod seines Freundes Roman in ein anderes Bataillon zu wechseln, starb jedoch, bevor er dazu die Chance hatte; gefallen Juni/Juli 2024

Wladislaw ›Pirat‹ Jurtschenko, kam nach dem 24. Februar 2022 aus Russland in die Ukraine und kämpfte im ›Sibirischen Bataillon‹ der internationalen Legion der Territorialverteidigung, engagierte sich vor dem Krieg für politische Gefangene; gefallen im Kampf an der Kinburn-Nehrung (Kinburnska Kosa) am 9. August 2024

Der Kampf von unten geht weiter

Die Verhältnisse in Russland verschlechtern sich immer weiter. Vielen Menschen geht es wirtschaftlich sehr schlecht. Die totale Kontrolle des öffentlichen und zunehmend auch des privaten Raumes sorgt für Angst, Apathie und Misstrauen. Dieses Misstrauen, die Vereinzelung und die Gleichgültigkeit stellen für Putin ein wichtiges Machtinstrument dar. Die harten Repressionen, mit denen jeglicher Widerstand bestraft wird, machen öffentliche Proteste gegen das Regime praktisch unmöglich. Die Berichte über Festnahmen und Prozesse, die gegen Regime- und Kriegsgegner*innen laufen, könnten ein eigenes Buch füllen.

Und doch machen diese Fälle, trotz ihrer Grausamkeit, Hoffnung. Wie auch schon das *ABC Irkutsk* es ausdrückte, bedeuten sie nämlich, dass es Widerstand gibt, auch wenn dieser nur klein ist. Anarchist*innen spielen hier eine nicht von der Hand zu weisende Rolle. Seit Anbeginn ihrer Organisierung sind Anarchist*innen mit Gewalt, Unterdrückung und Verfolgung aus verschiedenen Richtungen konfrontiert. Zunächst durch das zaristische Regime und nach der Oktoberrevolution durch die Bolschewiki. Im postsowjetischen Russland waren es Neonazis und später der Staat. Beispiele wie der Netzwerk-Fall oder der Fall Tjumen zeigen, mit welcher Brutalität der Machtapparat heute gegen Anarchist*innen und Antifaschist*innen vorgeht. Doch trotz, oder vielleicht auch gerade wegen, dieser Repressionen, Ungerechtigkeit und Gewalt versuchen Anarchist*innen innerhalb Russlands weiter aktiv zu bleiben.

In diesem Buch hat sich die Vielfältigkeit dieser Aktivitäten gezeigt: Sie reichen vom Partisan*innenkampf über Bildungsarbeit bis hin zur Unterstützung politischer Gefangener und Aktionen praktischer Solidarität. Doch die Vorsichtsmaßnahmen, die sie dabei treffen müssen, um nicht in die Fänge der Sicherheitsbehörden zu gelangen, verschärfen die Probleme, mit denen Anarchist*innen auch schon vor dem 24. Februar 2022 zu kämpfen hatten: Die starke Fragmentierung in diesem ausgedehnten Land und der geringe Austausch untereinander. Es fehlen Ressourcen, Menschen und gemeinsame Strategien. Es lässt sich im Moment innerhalb Russlands nicht von einer organisierten anarchistischen Bewegung sprechen. Vielmehr sind es einzelne Projekte, die mal besser, mal schlechter miteinander arbeiten.

Viele Anarchist*innen mussten aus Russland fliehen. Doch die Beispiele aus dem Exil zeigen, dass die Arbeit dort weitergeht. Für manche stellt das Auswandern die einzige Option dar, um weiter aktiv zu bleiben. Die behördliche Überwachung, die auf einen Lageraufenthalt folgen kann, oder drohende Strafverfahren verdammen in Russland viele zur Handlungsunfähigkeit. Das Leben im Ausland bietet dagegen mehr Freiheiten und Gestaltungsspielräume. Doch ist das Überleben im Exil auch schwer. Die geflohenen Anarchist*innen müssen ihr Leben neu aufbauen, Sprachen lernen und Arbeit finden. Außerdem sind sie noch tief verbunden mit den Geschehnissen in Russland sowie ihren Freund*innen und Genoss*innen. Dadurch fühlen sich manche entfremdet und losgelöst von dem Land und der Gesellschaft, in der sie leben. Mit ihren Aktivitäten versuchen sie, die in Russland Verbliebenen oder diejenigen, die sich entschieden haben zu kämpfen, zu unterstützen und ihren Beitrag zu leisten. Außerdem kommen sie untereinander in den Austausch. Sie haben gemeinsame Chatgruppen oder organisieren Treffen, um sich gegenseitig zu unterstützen und voneinander zu lernen.

Anarchist*innen, wie Dmitrij Petrow oder Alexej, die aufgrund von Repressionen bereits in die Ukraine fliehen mussten, haben einen weiteren Weg gewählt, um Widerstand zu leisten: Auf ukrainischer Seite kämpfen oder kämpften sie gegen die russische Armee und gegen den imperialistischen Krieg. Die Frage nach der Position von Anarchist*innen in diesem Krieg und danach, ob es richtig ist, zu kämpfen und sich den offiziellen ukrainischen Streitmächten anzuschließen, ist unter Anarchist*innen aus Russland und der Ukraine, aber auch international, nicht unumstritten. Dennoch scheint es eine Mehrheit zu geben, die diese Entscheidung unterstützt. In vielen Ländern werden von anarchistischen Kollektiven Spendenkampagnen organisiert, um überlebenswichtige Ausrüstung für die kämpfenden Genoss*innen zu beschaffen.

Wir müssen uns nichts vormachen: Die Lage ist prekär und der Widerstand ist bisher nur klein und mit vielen Problemen konfrontiert.

So wie es jetzt aussieht, liegt der herbeigesehnte revolutionäre Umsturz des Regimes in Russland in scheinbar unerreichbarer Ferne. Dennoch machen die Anarchist*innen weiter, wie sie es schon immer gemacht haben. Sie finden sich zusammen, richten sich neu aus und reagieren auf die äußeren Umstände, um weiter für die Vision einer befreiten Gesellschaft zu kämpfen. Ob in Russland oder im Exil, sie versuchen der gesellschaftlichen Atomisierung und Entpolitisierung entgegenzusteuern und sie setzen auf gegenseitige Unterstützung und Solidarität. Ihre horizontale Organisierung macht sie handlungs- und anpassungsfähig. Ihre Überzeugungen und der Zusammenhalt geben ihnen die Kraft und das benötigte Durchhaltevermögen. Sophia fasst das so zusammen:

> »Ich denke, es ist wirklich schwer, diese drohende Untergangsstimmung zu überwinden. Aber ich denke, es ist die Art von Situation, in der Anarchist*innen immer existiert haben. Wir sind eine sehr ungewöhnliche Bewegung. Wir stellen uns gegen so gut wie alles. Wir sind für alle Menschen, aber gegen alle Systeme, und wir sind oft im Stich gelassen und betrogen worden. Aber unsere Bewegung ist stark und sie macht weiter. Ja, es gibt immer diese Angst, dass man entweder in dieses Höllenbad fällt und alle deine Genoss*innen ins Gefängnis kommen oder sterben. Aber wenn du dich durchsetzt, dann bekommst du vielleicht die Chance, die Freiheit in deiner lokalen Gemeinschaft zumindest ein bisschen zu vergrößern. Weil du natürlich nicht einfach eine Revolution machen kannst und Anarchie herrscht. Es ist ein Prozess.«

Quellenverzeichnis

Im Verzeichnis sind alle Quellen aufgelistet, die direkt und indirekt in das Buch eingeflossen sind. Die verwendeten Zitate und Interviews wurden von der Autorin selbst ins Deutsche übersetzt.

Vorwort

Antifascist Europe (2024). *Antifa United – Seven Antifascists Detained in Russia.* Im Internet unter: https://antifascisteurope.org/antifa-united-seven-antifascists-detained-in-russia/, zuletzt aufgerufen am 19. August 2024.

Glownoe Sledstwennoe Uprawlenie (2024). *В Москве задержаны семь подозреваемых в организации и участии в деятельности экстремистской организации.* Im Internet unter: https://moscow.sledcom.ru/news/item/1889709/, zuletzt aufgerufen am 19. August 2024.

Nowaja Gaseta (2024). *Лох — это статья. Дело Antifa United*, фото в кокошнике — с разрешения ФСО и арест француза.* Im Internet unter: https://novayagazeta.ru/articles/2024/06/15/lokh-eto-statia, zuletzt aufgerufen am 19. August 2024.

OWD-Info (2024*). Ростовского антифашиста отправили в московский СИЗО по делу Antifa United.* Im Internet unter: https://ovd.info/express-news/2024/06/10/rostovskogo-antifashista-otpravili-v-moskovskiy-sizo-po-delu-antifa-united, zuletzt aufgerufen am 19. August 2024.

Ursprung und Niederschlagung anarchistischer Organisierung

Akhiezer, Golda (2013). Jewish Identity and the Russian Revolution: A Case Study of Radical Activism in the Russian Empire. In: *Terrorism and Political Violence*, 25(4), S. 561–575.

Angaut, Jean-Christophe (2007). The Marx-Bakunin Conflict in the First International: A Confrontation of Political Practices. In: *Actuel Marx,* 41(1), S. 112–129. Im Internet unter: https://www.cairn-int.info/article-E_AMX_041_0112--the-marx-bakunin-conflict-in-the-first-i.htm#re12no12, zuletzt aufgerufen am 29. Mai 2024.

Avrich, Paul (1967a). The Anarchists in the Russian Revolution. In: *The Russian Review*, 26(4), S. 341–350.

Avrich, Paul (1967b). *The Russian Anarchists*. Princeton: Princeton University Press.

Bakunin, Michail / Elysard, Jules (1842). *Die Reaktion in Deutschland. Ein Fragment von einem Franzosen*. Im Internet unter: https://anarchistischebibliothek.org/library/die-reaktion-in-deutschland, zuletzt aufgerufen am 18. August 2024.

Bakunin, Michael (1908). Die politische Macht und ihre Wesensäußerungen. In: *Die Freie Generation. Dokumente zur Weltanschauung des Anarchismus*, 3(2), S. 33–37. Im Internet unter: https://a-bibliothek.org/cms/wp-content/uploads/2022/09/03_02_09_1908_FG.pdf, zuletzt aufgerufen am 18. August 2024.

Bandouil, Sonya (2024). *Monument honoring Ukrainian revolutionary Nestor Makhno destroyed by Russian missiles*. Im Internet unter: https://kyivindependent.com/monument-honoring-ukrainian-revolutionary-nestor-makhno-destroyed-by-russian-missiles/, zuletzt aufgerufen am 18. August 2024.

Berkman, Alexander/Goldman, Emma (2013). *Bolsheviks shooting anarchists – Emma Goldman and Alexander Berkman*. Im Internet unter: https://libcom.org/article/bolsheviks-shooting-anarchists-emma-goldman-and-alexander-berkman, zuletzt aufgerufen am 30. Mai 2024.

Braunthal, Julius (1967). *History of the International 1864–1914*. London: Thomas Nelson and Sons Ltd.

Brüggemann, Karsten (2012). Als Land und Leute »russisch« werden sollten. Zum Verständnis des Phänomens der »Russifizierung« am Beispiel der Ostseeprovinzen des Zarenreichs. In: Gasimov, Zaur (Hg.), *Kampf um Wort und Schrift. Russifizierung in Osteuropa im 19. –20. Jahrhundert,* S. 28–49. Göttingen: Vandenhoeck & Ruprecht.

Cooke, Catherine (1999). Alexei Gan and the Moscow Anarchists. In: Leach, Neil (Hg.), *Architecture and revolution: contemporary perspectives on Central and Eastern Europe.* London; New York: Routledge.

Demoscope (o. J.). *Первая всеобщая перепись населения Российской Империи 1897 г. Распределение населения по родному языку, губерниям и областям.* Im Internet unter: https://www.demoscope.ru/weekly/ssp/rus_lan_97.php, zuletzt aufgerufen am 18. August 2024.

Eckhardt, Wolfgang (1999). Einleitung. In: Bakunin, Michail A.:*Staatlichkeit und Anarchie*. Ausgew. Schriften Bd. 4. Berlin: Karin Kramer Verlag.

Eckhardt, Wolfgang (2016). *The First Socialist Schism: Bakunin vs. Marx in the International Working Men's Association.* Oakland: PM Press.

Gasimov, Zaur (2012). Zum Phänomen der Russifizierungen. Einige Überlegungen. In: Gasimov, Zaur (Hg.). *Kampf um Wort und Schrift. Russifizierung in Osteuropa im 19. –20. Jahrhundert,* S. 9–25. Göttingen: Vandenhoeck & Ruprecht.

Gibbons-Neff, Thomas/ Yermak, Natalia (2022). *›Like Living in a Horror Movie‹: A Ukraine Town Dying a Slow Death*. Im Internet unter: https://www.nytimes.com/2022/03/30/world/europe/ukraine-front-lines-russia-war.html, zuletzt aufgerufen am 18. August 2024.

Guérin, Daniel (1970). *Anarchism. From Theory to Practice*. New York: Monthly Review Press.

Guérin, Daniel (Hg.) (2005). *No Gods No Masters*. Oakland; Edinburgh; London: AK Press.

Heath, Nick (2006). *1900–1923: Anarchism in Siberia*. Im Internet unter: https://libcom.org/article/1900-1923-anarchism-siberia, zuletzt aufgerufen am 29. Mai 2024.

Heath, Nick (2022). *Kazimir Kovalevich and the Underground Anarchists.* Im Internet unter: https://libcom.org/article/kazimir-kovalevich-and-underground-anarchists, zuletzt aufgerufen am 29. Mai 2024.

Hilbrenner, Anke (2023). *Jüdische Geschichte im östlichen Europa: Das 19. Jahrhundert*. Im Internet unter: https://www.copernico.eu/de/themenbeitraege/juedische-geschichte-im-oestlichen-europa-das-19-jahrhundert, zuletzt aufgerufen am 29. Mai 2024.

Internationalist Communist Tendency (2021). *A Communist Left Critique of Plattformism (Part I). The Machnovshchina*. Im Internet unter: https://libcom.org/article/communist-left-critique-platformism-part-i-makhnovshchina, zuletzt aufgerufen am 29. Mai 2024.

Kasakow, Ewgeniy (2021). Eine anarchistische Ausnahmeerscheinung. In: *analyse&kritik*, ak975. Im Internet unter: https://www.akweb.de/gesellschaft/nestor-machno-ukraine-eine-anarchistische-ausnahmeerscheinung/, zuletzt aufgerufen am 29. Mai 2024.

Kuhn, Gabriel/Tsovma, Mikhail (2010). *Anarchism in Russia. Interview with Mikhail Tsovma*. Im Internet unter: https://theanarchistlibrary.org/library/gabriel-kuhn-mikhail-tsovma-anarchism-in-russia, zuletzt aufgerufen am 29. Mai 2024.

Kropotkin, Peter (1914). *A Letter to Steffen*. Im Internet unter: http://dwardmac.pitzer.edu/Anarchist_archives/kropotkin/steffenletter.html, zuletzt aufgerufen am 26. August 2024.

Kropp, Henner (2015). *Die Reformen Alexanders II.*. Im Internet unter: https://www.dekoder.org/de/gnose/die-reformen-alexanders-ii, zuletzt aufgerufen am 18. August 2024.

Lausberg, Michael (2016). *Kropotkins Philosophie des kommunistischen Anarchismus*. Münster: Unrast Verlag.

Lausberg, Michael (2017). *Bakunins Philosophie des kollektiven Anarchismus*. 3. Auflage. Münster: Unrast Verlag.

Langels, Otto (2021). *Der Matrosenaufstand von Kronstadt*. Im Internet unter: https://www.deutschlandfunk.de/vor-100-jahren-in-russland-der-matrosenaufstand-von-100.html, zuletzt aufgerufen am 29. Mai 2024.

Libcom.org (2006a). *1905: The Russian Revolution*. Im Internet unter: https://libcom.org/article/1905-russian-revolution, zuletzt aufgerufen am 30. Mai 2024.

Libcom.org (2006b). *Makhno, Nestor, 1889–1934.* Im Internet unter: https://libcom.org/article/makhno-nestor-1889-1934, zuletzt aufgerufen am 30. Mai 2024.

Maximov, Gregori (1940a). *The Guillotine at Work. Twenty Years of Terror in Russia (Data and Documents)*. Chicago: Globus Printing Corporation.

Maximov, Gregori (1940b). *The True Reasons For the Anarchist Raids [Moscow 1918] (Analysis and Conclusions)*. Im Internet unter: https://libcom.org/history/true-reasons-anarchist-raids-moscow-1918-analysis-conclusions, zuletzt aufgerufen am 29. Mai 2024.

Mendelsohn, Ezra (1965). Worker Opposition in the Russian Jewish Socialist Movement, from the 1890's to 1903. In: *International Review of Social History*, 10(2), S. 268–282.

Monoskop (o.J.). *Anarkhiia*. Im Internet unter: https://monoskop.org/Anarkhiia, zuletzt aufgerufen am 18. August 2024.

Pyvovarov, Serhii / Spirin, Yevhen (2022). *118 years ago, Russia wanted to distract its people from internal problems, inciting a »small victorious war« with Japan. It ended in defeat and revolution, and the phrase became a meme — a story in archival photos*. Im Internet unter: https://babel.ua/en/texts/77476-118-years-ago-russia-wanted-to-distract-its-people-from-internal-problems-inciting-a-small-victorious-war-with-japan-it-ended-in-defeat-and-revolution-and-the-phrase-became-a-meme-a-story-in-archival-, zuletzt aufgerufen am 18. August 2024.

Rolf, Malte (2012). Russifizierung, Depolonisierung oder innerer Staatsaufbau? Konzepte imperialer Herrschaft im Königreih Polen (1863–1915). In: Gasimov, Zaur (Hg.). *Kampf um Wort und Schrift. Russifizierung in Osteuropa im 19. –20. Jahrhundert,* S. 52–87. Göttingen: Vandenhoeck & Ruprecht.

Rublyov, Dmitry Ivanovich (2014). The Russian Anarchist Movement During the First World War. Im Internet unter: https://www.katesharpleylibrary.net/qrfksw, zuletzt aufgerufen am 29. Mai 2024.

The Workers Solidarity Movement (2006). *Bakunin, Mikhail, 1814–1876.* Im Internet unter: https://libcom.org/article/bakunin-mikhail-1814-1876, zuletzt aufgerufen am 29. Mai 2024.

Tikhomirova, Anastasia (2021). Russlands imperiale Eroberungen. Im Internet unter: https://www.akweb.de/gesellschaft/kolonialismus-in-russland-sowjetunion/, zuletzt aufgerufen am 18. August 2024.

Torke, Hans-Joachim (1985). *Lexikon der Geschichte Rußlands. Von den Anfängen bis zur Oktober-Revolution*. München: C. H. Beck'sche Verlagsbuchhandlung.

Torke, Hans-Joachim (1993). *Historisches Lexikon der Sowjetunion 1917/22–1991*. München: Verlag C. H. Beck.

Volin (1975). *Die unbekannte Revolution. Band I.* Hamburg: Verlag Association.

Weeks, Theodore R. (2004). Russification: Word and Practice 1863–1914. In: *Proceedings of the American Philosophical Society*, 148(4), S. 471-489.

Woodcock, George/Avakumović, Ivan (1950). *The Anarchist Prince. A Biographical Study of Peter Kropotkin*. London New York: T. V. Boardman & Co. LTD.

Working Class History (2023). *Bolscheviks attack anarchists*. Im Internet unter: https://stories.workingclasshistory.com/article/12538/bolsheviks-attack-anarchists, zuletzt aufgerufen am 29. Mai 2024.

Neuorganisierung im post-sowjetischen Russland

Akhmedova, Yulia (2024). *Remembering Ryazan*. Im Internet unter: https://novayagazeta.eu/articles/2024/03/25/remembering-ryazan-en, zuletzt aufgerufen am 29. Mai 2024.

Antijob (2001). *Привет!*. Im Internet unter: https://web.archive.org/web/20011003192857/http://www.antijob.nm.ru/, zuletzt aufgerufen am 29. Mai 2024.

Bigg, Claire (2005a). *Russia: Rights Groups Say Fascism, Racism Flourishing.* Im Internet unter: https://www.rferl.org/a/1058737.html, zuletzt aufgerufen am 30. Januar 2024.

Bigg, Claire (2005b). *Russia: Hate Crime Trial Highlights Mounting Racism.* Im Internet unter: https://www.rferl.org/a/1062399.html, zuletzt aufgerufen am 30. Januar 2024.

Budraitskis, Ilya (2014). The Weakest Link of Managed Democracy: How the Parliament Gave Birth to Nonparliametary Politics. In: *The South Atlantic Quarterly*, 113(1), S. 169–185.

Budraitskis, Ilya (2022). *Dissidents Among Dissidents. Ideology, Politics and the Left in Post-Soviet Russia*. London, New York: Verso.

Chernykh, A./Kozenko, A./Buranov, I./Mashkin, S. (2010). *Khimki: smashing down local administration, background and following arrests*. Im Internet unter: https://avtonom.org/en/freenews/khimki-smashing-down-local-administration-background-and-following-arrests, zuletzt aufgerufen am 29. Mai 2024.

Chirikova, Yevgenia (2010). *The Battle for Khimki Forest*. Im Internet unter: https://www.opendemocracy.net/en/odr/battle-for-khimki-forest/, zuletzt aufgerufen am 29. Mai 2024.

Chris, Alex (1994). After the Coup. Spreading the Word About the Russian Workers' Movement. In: *Independent Politics*, Nummer 5, Winter 1994, S. 15–16.

Chris, Alex (1994b). Confederation of Anarcho-Syndicalists. Beginning of the KAS in Russia. In: *Independent Politics*, Nummer 5, Winter 1994, S. 18–21.

Chris, Alex (1994c). Confederation of Anarcho-Syndicalists. Interview Part II. In: *Independent Politics*, Nummer 6, Spring 1994, S. 28–30.

CrimethInc. (2022). *AntiJob: The Russian Anarchist Labor Site that Terrifies the Bosses. An Interview*. Im Internet unter: https://de.crimethinc.com/2022/03/21/antijob-the-russian-anarchist-labor-site-that-terrifies-the-bosses-an-interview, zuletzt aufgerufen am 29. Mai 2024.

DJ Stalingrad (2013). *Exodus*. Berlin: Matthes & Seitz Berlin.

Friends of Timur (2005). *Murder of anarchist in Russia by neonazis*. Im Internet unter: https://www.anarkismo.net/newswire.php?story_id=1839, zuletzt aufgerufen am 30. Januar 2024.

Frontline Defenders (o. J.). *Anastasia Baburova*. Im Internet unter: https://www.frontlinedefenders.org/en/profile/anastasia-baburova, zuletzt aufgerufen am 30. Januar 2024.

Fröhlich, Christian (2013). Schlüsselfiguren zeitgenössischer Anarchie-Bewegungen. In: *Forschungsjournal Soziale Bewegungen*, 26 (4), S. 58–64.

Fröhlich, Christian (2018). Taking every opportunity against the state. Anarchists in contemporary Russia. In: Magnus Wennerhag, Christian

Fröhlich, Grzegorz Piotrowski (Hg.). *Radical Left Movements in Europe*. London, New York: Routledge.

Gudkov, Lev (2007). Rußlands Systemkrise. Negative Mobilisierung und kollektiver Zynismus. In: *Osteuropa*, 57(1), S. 3–13.

Gudkov, Lev (2022). The Transition from Totalitarianism to Authoritarianism in Russia. In: Vladislav Zubok, Tommaso Piffer (Hg.). *Totalitarian Societies and Democratic Transition*. Budapest: Central European University Press, S. 327–352.

Indyvideoorg (2009, 25. April). *Anarchist 1 May in Moscow 2008, part 1 [video]*. Im Internet unter: https://youtu.be/GE-uQ5ZkOIw, zuletzt aufgerufen am 30. Mai 2024.

Indyvideoorg (2009, 25. April). *Anarchist 1 May in Moscow 2008, part 2 [video]*. Im Internet unter: https://youtu.be/aSAFQ9kTyaA, zuletzt aufgerufen am 30. Mai 2024.

Jeremejew, Sergej (2021). *«сейчас бы за это стреляли на поражение»: 10 лет акции в химках*. Im Internet unter: https://web.archive.org/web/20210908014109/https://moloko.plus/russkiy_les, zuletzt aufgerufen am 29. Mai 2024.

Kasakow, Ewgeniy (2022). Anarchismus im gegenwärtigen Russland. In: Ewgeniy Kasakow (Hg.). *Spezialoperation und Frieden*. Die russische Linke gegen den Krieg. Münster: Unrast Verlag, S. 151–157.

Kassel, Rosa (2024). *«Конференций не проводилось — вместо этого покупались наручники, еда и палатки»*. Im Internet unter: https://kedr.media/research/konferenczii-ne-provodilos-vmesto-etogo-pokupalis-naruchniki-eda-i-palatki/, zuletzt aufgerufen am 29. Mai 2024.

Kireev, Maxim (2010). *Moskaus Waldgeister ziehen in den Kampf*. Im Internet unter: https://www.spiegel.de/politik/ausland/protest-gegen-den-kreml-moskaus-waldgeister-ziehen-in-den-kampf-a-713500.html, zuletzt aufgerufen am 29. Mai 2024.

Markelov, Stanislav (o.J.). *Красная книга антифа*. Im Internet unter: http://sd-inform.org/upload/books/Antifascism/Markelov%20Stanislav.pdf, zuletzt aufgerufen am 30. Januar 2024.

mdr (2019). *Wladimir Putin: Die Geburt des »starken Mannes«*. Im Internet unter: https://www.mdr.de/nachrichten/welt/osteuropa/politik/russland-system-putin-zwanzig-jahre-100.html, zuletzt aufgerufen am 29. Mai 2024.

Medvedev, Sergey (2015). *BORN: Der russische NSU*. In: Russland-Analysen, N. 298, S. 16-18. Im Internet unter: https://laender-analysen.de/russland-analysen/298/born-der-russische-nsu/, zuletzt aufgerufen am 29. Mai 2024.

Okrest, Dmitry/Arenina, Katya (2024). *Socrates the Skinhead: The Life of a Russian Antifascist*. o. O.: Active Publishing und Radical Theory and Praxis.

Radio Free Europe Radio Liberty (2006). *Russia: A Timeline of Recent Racial Incidents*. Im Internet unter: https://www.rferl.org/a/1067333.html, zuletzt aufgerufen am 29. Mai 2024.

Rautiainen, Antti (2010). *Lessons from the Chechen*. Im Internet unter: https://avtonom.org/en/comment/6847#comment-6847, zuletzt aufgerufen am 30. Januar 2024.

Sakhipova, Yana (2023). *From fights with Nazis to a split due to the war.* The story of antifa in Russia. Im Internet unter: https://theanarchistlibrary.org/library/yana-sakhipova-from-fights-with-nazis-to-a-split-due-to-the-war, zuletzt aufgerufen am 30. Januar 2024.

Schneider, Norma (2023). *Punk statt Putin. Gegenkultur in Russland*. Mainz: Ventil Verlag.

Shogren, Elizabeth/Dahlburg, John-Thor (1990). *Soviet Miners Strike, Seek to End Communist Rule*. Im Internet unter: https://www.latimes.com/archives/la-xpm-1990-07-12-mn-290-story.html, zuletzt aufgerufen am 31. Januar 2024.

Siegert, Jens (2009). Von der Kontinuität zur Stagnation. Instabile Stabilität im autoritären Russland. In: *Osteuropa*, 59(4), S. 17–30.

Silayev, Pyotr (2012). *Through the Looking-Glass and through hell*. Im Internet unter: https://avtonom.org/en/news/through-looking-glass-and-through-hell, zuletzt aufgerufen am 29. Mai 2024.

Tupikin, Vlad (2013). *25 лет назад прошла первая в новейшей истории России демонстрация под черным флагом*. Im Internet unter: https://avtonom.org/news/25-let-nazad-proshla-pervaya-v-noveyshey-istorii-rossii-demonstraciya-pod-chernym-flagom, zuletzt aufgerufen am 30. Januar 2024.

War Resisters' International (2005). *A Festival for Deserters in Moscow*. Im Internet unter: https://wri-irg.org/en/story/2005/festival-deserters-moscow, zuletzt aufgerufen am 30. Januar 2024.

Nach Bolotnaja: Der Kampf gegen die Repression

ABC Moscow (o.J.). *Anarchist Black Cross Moscow is quitting support for Arman Sagybaev*. Im Internet unter: https://abc-belarus.org/en/2019/11/25/anarchist-black-cross-moscow-is-quitting-support-for-arman-sagynbaev/, zuletzt aufgerufen am 29. Mai 2024.

ABC Moscow (2021). *Anarchist Black Cross Moscow stops supporting Dmitry Pchelintsev and Maxim Ivankin*. Im Internet unter: https://wiki.avtonom.

org/en/index.php/Anarchist_Black_Cross_Moscow_stops_supporting_Dmitry_Pchelintsev_and_Maxim_Ivankin, zuletzt aufgerufen am 29. Mai 2024.

Avtonom (2012). *»March of Millions« in Moscow and the Anarchists.* Im Internet unter: https://avtonom.org/en/news/march-millions-moscow-and-anarchists-photosvideo, zuletzt aufgerufen am 29. Mai 2024.

Avtonom (2014). *Anarchists from Petrozavodsk, Russia were kidnappedand seriously injured by unknown people in masks.* Im Internet unter: https://avtonom.org/en/news/anarchists-petrozavodsk-russia-were-kidnapped-and-seriously-injured-unknown-people-masks, zuletzt aufgerufen am 29. Mai 2024.

Avtonom (2019a). *Call for solidarity: another wave of arrests and torture against Russian anarchists.* Im Internet unter: https://avtonom.org/en/news/call-solidarity-another-wave-arrests-and-torture-against-russian-anarchists, zuletzt aufgerufen am 29. Mai 2024.

Avtonom (2019b). *»Expressive Eyebrows«: Russian anarchist Azat Miftakhov jailed after secret witness testifies.* Im Internet unter: https://avtonom.org/en/news/expressive-eyebrows-russian-anarchist-azat-miftakhov-jailed-after-secret-witness-testifies, zuletzt aufgerufen am 29. Mai 2024.

Avtonom (2020). *The Network Trial in Petersburg: Closing Statements by* Defendants. Im Internet unter: https://avtonom.org/en/news/network-trial-petersburg-closing-statements-defendants, zuletzt aufgerufen am 29. Mai 2024.

Avtonom (2021). *Последнее слово Азата: «Единая Россия» широко не любима нашим народом.* Im Internet unter: https://avtonom.org/freenews/poslednee-slovo-azata-edinaya-rossiya-shiroko-ne-lyubima-nashim-narodom, zuletzt aufgerufen am 29. Mai 2024.

Avtonom (2023). *Anarchist Azat Miftakhov was arrested immediately after his release from prison.* Im Internet unter: https://avtonom.org/en/news/anarchist-azat-miftakhov-was-arrested-immediately-after-his-release-prison, zuletzt aufgerufen am 29. Mai 2024.

BBC (2018). *Russia Arkhangels blast: Teen blows himself up at FSB* office. Im Internet unter: https://www.bbc.com/news/world-europe-46043424, zuletzt aufgerufen am 29. Mai 2024.

BBC (2024). *Математика Азата Мифтахова приговорили к четырем годам по статье об оправдании терроризма за разговоры в колонии.* Im Internet unter: https://www.bbc.com/russian/articles/cxrz1q2p2lko, zuletzt aufgerufen am 29. Mai 2024.

Budraitskis, Ilya (2022). *Dissidents Among Dissidents. Ideology, Politics and the Left in Post-Soviet Russia*. London, New York: Verso.

Dvornikova, Tatyana (2017). *The man in black: interview with Russian anarchist Dmitry Buchenko*. Im Internet unter: https://www.opendemocracy.net/en/odr/man-in-black-interview-with-russian-anarchist-dmitry-buchenkov/, zuletzt aufgerufen am 29. Mai 2024.

Elder, Miriam (2012). *Russian protests: thousands march in support of Occupy Abay camp*. Im Internet unter: https://www.theguardian.com/world/2012/may/13/russian-protests-march-occupy-abay, zuletzt aufgerufen am 29. Mai 2024.

KRAS-IAA (2012). *Declaration of the Section of IWA in Russia about so-called »March of the millions« on 6th of May, 2012*. Im Internet unter: https://aitrus.info/node/2277, zuletzt aufgerufen am 29. Mai 2024.

Lipman, Maria (2016). At the Turning Point to Repression. Why There Are More and More »Undesirable Elements« in Russia. In: *Russian Politics and Law*, 54(4), S. 341–250.

Meduza (2019). *Russian graduate student and anarchist activist faces closed hearing after alleged torture, intimidation, searches*. Im Internet unter: https://meduza.io/en/news/2019/02/04/russian-graduate-student-and-anarchist-activist-faces-closed-hearing-after-alleged-torture-intimidation-searches, zuletzt aufgerufen am 18. August 2024.

Memorial (2024). *Последнее слово Азата Мифтахова в суде по делу об оправдании терроризма*. Im Internet unter: https://memopzk.org/news/poslednee-slovo-azata-miftahova-v-sude-po-delu-ob-opravdanii-terrorizma/, zuletzt aufgerufen am 29. Mai 2024.

Merzlikin, Pavel (2019). *Crushing the anarchists*. Im Internet unter: https://meduza.io/en/feature/2019/04/19/crushing-the-anarchists, zuletzt aufgerufen am 18. August 2024.

OVD-Info (2020). *Два года взрыву в здании ФСБ в Архангельске. Как преследуют за высказывания о теракте*. Im Internet unter: https://ovd.info/articles/2020/10/30/dva-goda-vzryvu-v-zdanii-fsb-v-arhangelske-kak-presleduyut-za-vyskazyvaniya-o, zuletzt aufgerufen am 29. Mai 2024.

Putin, Wladimir (2021). *Offen sein, trotz der Vergangenheit*. Im Internet unter: https://www.zeit.de/politik/ausland/2021-06/ueberfall-auf-die-sowjetunion-1941-europa-russland-geschichte-wladimir-putin/komplettansicht, zuletzt aufgerufen am 31. Mai 2024.

Putin, Wladimir (2021). *On the Historical Unity of Russians and Ukrainians*. Im Internet unter: http://en.kremlin.ru/events/president/news/66181, zuletzt aufgerufen am 31. Mai 2024.

Radio Free Europa Radio Liberty (2024). *Russian Activist Serving Prison Term In High-Profile 'Network' Case Gets 24 More Years On Double Murder Charge*. Im Internet unter: https://www.rferl.org/a/russia-set-network-activist-ivankin-double-murder-24-years/32815570.html, zuletzt aufgerufen am 29. Mai 2024.

Rastorgueva, Irina (2022). *Das Russlandsimulakrum. Kleine Kulturgeschichte des politischen Protests in Russland*. Berlin: Matthes & Seitz.

Rautiainen, Antti (2014). *The End of Antifa?*, Im Internet unter: https://avtonom.org/en/author_columns/end-antifa, zuletzt aufgerufen am 29. Mai 2024.

Rogov, Kirill (2018). The Art of Coercion. Repression and Repressiveness in Putin's Russia. In: *Russian Politics,* 2018 (3), S. 151–174.

Safonova, Kristina (2020). *Miftakhov's* case. Im Internet unter: https://meduza.io/en/feature/2020/10/14/miftakhov-s-case, zuletzt aufgerufen am 29. Mai 2024.

Shakursky, Ilya (2023). *Letter to a friend*. Im Internet unter: https://avtonom.org/en/news/ilya-shakursky-letter-friend, zuletzt aufgerufen am 29. Mai 2024.

Shenkman, Yan (2020). *As repression rises in Russia, so does solidarity*. Im Internet unter: https://www.opendemocracy.net/en/odr/one-russia-prison-other-judge/, zuletzt aufgerufen am 29. Mai 2024.

Skoworoda, Jegor (2020). *Delo Seti – Protokolle von Willkür- und Folterjustiz*. Im Internet unter: https://www.dekoder.org/de/article/delo-seti-terror-urteile-folter, zuletzt aufgerufen am 29. Mai 2024.

Solopov, Maxim / Safonova, Kristina (2020). *Four went in, only two returned*. Im Internet unter: https://meduza.io/en/feature/2020/02/27/four-went-in-only-two-returned, zuletzt aufgerufen am 29. Mai 2024.

Storyev. Dan (2023). *Vladimir Putin's Russia Claims to Be Fighting Nazism, but It's Persecuting Anti-Fascists*. Im Internet unter: https://jacobin.com/2023/09/russia-azat-miftakhov-political-repression-putin, zuletzt aufgerufen am 29. Mai 2024.

The case of Azat Miftakhov (o. J.). *Fact sheet*. Im Internet unter: https://caseazatmiftakhov.org/fact-sheet/, zuletzt aufgerufen am 29. Mai 2024.

The Russian Reader (2020). *Pornofilmy, »This Will Pass«*. Im Internet unter: https://therussianreader.com/2020/03/01/pornofilmy-this-will-pass/, zuletzt aufgerufen am 29. Mai 2024.

Tschenyschenko, Artjom (2024). *Убийство в рязанском лесу. Присяжные признали виновным Максима Иванкина из дела «Сети» — вот чем обвинение доказывало его причастность*. Im Internet unter: https://zona.

media/article/2024/01/10/ivankin-verdict, zuletzt aufgerufen am 29. Mai 2024.

Woroschejkina, Tatjana (2018). Parasitärer Autoritarismus. Regime und Gesellschaft in Russland. In: *Osteuropa*, 68(8-9), S. 3–24.

Yaffa, Joshua (2018). *The Network: Russia's odd, brutal, and maybe invented pre-world cup terrorism case*. Im Internet unter: https://www.newyorker.com/news/news-desk/the-network-russias-odd-brutal-and-maybe-invented-pre-world-cup-terrorism-case, zuletzt aufgerufen am 18. August 2024.

Teil 2: Ein neuer alter Bruch: Russlands Angriff auf die Ukraine und seine Bedeutung für Anarchist*innen …

Adler, Sabine (2024). *Was wird aus Russland? Über eine Nation zwischen Krieg und Selbstzerstörung*. Berlin: Ch. Links Verlag.

Avtonom (2022). *Against Annexations and Imperial* Aggression. Im Internet unter: https://avtonom.org/en/news/against-annexations-and-imperial-aggression, zuletzt aufgerufen am 29. Mai 2024.

Avtonom (2022). *Frozen Time: Getting Used to Horror and* Madness. Im Internet unter: https://avtonom.org/en/news/frozen-time-getting-used-horror-and-madness, zuletzt aufgerufen am 29. Mai 2024.

Avtonom (2022). *Russian anarchists against Putin's war in* Ukraine. Im Internet unter: https://avtonom.org/en/news/russian-anarchists-against-putins-war-ukraine, zuletzt aufgerufen am 29. Mai 2024.

CrimethInc.(2023). *Russische Anarchist*innen über die Meuterei von Wagner. Statements von drei anarchistischen Organisationen*. Im Internet unter: https://de.crimethinc.com/2023/06/24/russische-anarchistinnen-uber-den-putschversuch-von-wagner-kampforganisation-der-anarcho-kommunistinnen-und-bewegung-der-irkutsker-anarchistinnen, zuletzt aufgerufen am 29. Mai 2024.

DIAna (2024). *In support of comrades in Ukraine*. Im Internet unter: https://avtonom.org/en/freenews/support-comrades-ukraine, zuletzt aufgerufen am 29. Mai 2024.

Gudkov, Lev (2022). The Transition from Totalitarianism to Authoritarianism in Russia. In: Vladislav Zubok, Tommaso Piffer (Hg.). *Totalitarian Societies and Democratic Transition*. Budapest: Central European University Press, S. 327– 352.

Gould-Davis, Nigel (2023). How the War Has Changed Russia. In: *Survival*, 65(2), S. 23–26.

KRAS-IWA (2022). *KRAS-IWA against the War*. Im Internet unter: https://www.iwa-ait.org/content/kras-iwa-against-war, zuletzt aufgerufen am 29. Mai 2024.

OVD-Info (2022). *Repressions in Russia in 2022*. Im Internet unter: https://en.ovdinfo.org/repressions-russia-2022#1, zuletzt aufgerufen am 29. Mai 2024.

Re:Russia (o.J.). *From War to Prison: Repression in Russia is becoming more 'planned' and harsh, but not more widespread*. Im Internet unter: https://re-russia.net/en/analytics/0125/, zuletzt aifgerufen am 29. Mai 2024.

Slaćálek, O/Piotrowski, G./Tomek, M (o.J.). *Inquiry: Anarchists and the War*. Im Internet unter: https://kontradikce.flu.cas.cz/en/online-content/156, zuletzt aufgerufen am 29. Mai 2024.

... in Russland

ABC Moscow (2023). A*narchist Black Cross of Moscow is terminating support for Kirill Brik*. Im Internet unter: https://libcom.org/article/anarchist-black-cross-moscow-terminating-support-kirill-brik, zuletzt aufgerufen am 29. Mai 2024.

Anarchist History Nerd Brigade (o.J.). *Yalensky's Fable: A History of the Anarchist Black Cross*. Im Internet unter: https://ia601309.us.archive.org/33/items/YalenskysFable/zine-yalenskys_fable-IMPOSED.pdf, zuletzt aufgerufen am 29. Mai 2024.

ANIKA (2023). *Interview mit BOAK (anarchokommunistische Kampforganisation aus Russland) zur russischen Invasion in der Ukraine*. Im Internet unter: https://anika.noblogs.org/2023/09/26/interview-mit-boak-anarchokommunistische-kampforganisation-aus-russland-zur-russischen-invasion-in-der-ukraine/, zuletzt aufgerufen am 29. Mai 2024.

Assembly.org.ua (2023). *ABC Irkutsk: support the revolutionary prisoners of Siberia*. Im Internet unter: https://libcom.org/article/abc-irkutsk-support-revolutionary-prisoners-siberia, zuletzt aufgerufen am 29. Mai 2024.

Avtonom (2022). *What is known about the new terrorism case against antifascists in Tyumen*. Im Internet unter: https://avtonom.org/en/news/what-known-about-new-case-terrorism-against-antifascist-tyumen, zuletzt aufgerufen am 29. Mai 2024.

Avtonom (2023). *The charges against the defendants in the «Tyumen case» have been toughened*. Im Internet unter: https://avtonom.org/en/news/charges-against-defendants-tyumen-case-have-been-toughened, zuletzt aufgerufen am 29. Mai 2024.

FNB Moscow (2022). *Мобилизация бездомных в Москве*. Im Internet unter: https://telegra.ph/Mobilizaciya-bezdomnyh-v-Moskve-10-10, zuletzt aufgerufen am 29. Mai 2024.

Meduza (2024). *Суд вынес первый приговор по «тюменскому делу». Кириллу Брику, заключившему сделку со следствием, дали восемь лет лишения свободы*. Im Internet unter: https://meduza.io/news/2024/05/16/sud-vynes-pervyy-prigovor-po-tyumenskomu-delu-kirillu-briku-zaklyuchivshemu-sdelku-so-sledstviem-dali-vosem-let-lisheniya-svobody, zuletzt aufgerufen am 29. Mai 2024.

Napilnik (o.J.). *Наш манифест*. Im Internet unter: https://napilnik.store/manifest, zuletzt aufgerufen am 29. Mai 2024.

OVD-Info (2024). *Фигуранта «Тюменского дела» Романа Паклина признали недееспособным*. Im Internet unter: https://ovd.info/express-news/2024/04/19/figuranta-tyumenskogo-dela-romana-paklina-priznali-nedeesposobnym, zuletzt aufgerufen am 29. Mai 2024.

Shvets, Dmitirii (2022). *Partial social mobility. How Moscow men were rounded up at homeless assistance centers, hostels and rehearsal studios—to fight in Ukraine*. Im Internet unter: https://en.zona.media/article/2022/10/27/socmob, zuletzt aufgerufen am 29. Mai 2024.

The Final Straw Radio (2024). *Tyumen Case in Russia*. Im Internet unter: https://ia800203.us.archive.org/30/items/tfsr-20240310-hotvbtyumennotrace/Tyumen-case.pdf, zuletzt aufgerufen am 29. Mai 2024.

Zatari, Amalia (2023). *LONG READ - Trying to stop the war: the Russian underground groups fighting Putin's invasion of Ukraine*. Im Internet unter: https://bbcrussian.substack.com/p/long-read-trying-to-stop-the-war, zuletzt aufgerufen am 29. Mai 2024.

… im Exil

Avtonom (2023). *»We are few and we can't cope with the repression stream«: interview with Solidarity Zone*. Im Internet unter: https://avtonom.org/en/news/we-are-few-and-we-cant-cope-flow-repression-interview-solidarity-zone, zuletzt am 18. August 2024.

North East Anarchist Group (2024). *Tales from Russia: An Interview with a member of Solidarity Zone*. Im Internet unter:https://northeastanarchistgroup.org/2024/01/29/tales-from-russia-an-interview-with-a-member-of-solidarity-zone/, zuletzt aufgerufen am 18. August 2024.

Novaya Gazeta Europe (2024). *NGO study shows no rise in Russian domestic violence cases since war in Ukraine began*. Im Internet unter: https://

novayagazeta.eu/articles/2024/05/14/ngo-study-shows-no-rise-in-russian-domestic-violence-cases-since-war-in-ukraine-began-en-news, zuletzt aufgerufen am 29. Mai 2024.

Solidarity Zone [@solidarity.zone] (2023, 14. Juli). *Ruslan Zinin's case has gone to court, and we are fundraising to pay a lawyer for her work during the trial...* Im Internet unter: https://www.instagram.com/p/CurAUbWrtu-/ , zuletzt aufgerufen am 29. Mai 2024.

Solidarity Zone [@solidarity.zone] (2023, 23. August). *On 28th June, a Russian court found 19-year-old Valeria Zotova guilty of »preparing to commit a terrorist act« (part 1 article 30, part 1 article 205 of the Criminal Code of the Russian Federation)...* Im Internet unter: https://www.instagram.com/p/CwR_zuNLc_E/, zuletzt aufgerufen am 29. Mai 2024.

Solidarity Zone [@solidarity.zone] (2024, 19. Januar). *Руслана Зинина приговорили к 19 годам заключения ...* Im Internet unter: https://www.instagram.com/p/C2SF8oei-E0/, zuletzt aufgerufen am 29. Mai 2024.

Solidarity Zone [@solidarity.zone] (2024, 25. Mai). *We are continuing to fundraise for the anarachist Aleksei Rozhkov. We still need to raise €1475 out of the total €3504...* Im Internet unter: https://www.instagram.com/p/C7Y70m2CJP9, zuletzt aufgerufen am 29. Mai 2024.

Solidarity Zone [@solidarity.zone] (2024, 31. Juli). *Ruslan Zinin, who shot the military commissar three times after the start of the mobilization of Russians to Ukraine, was sentenced to 20 years...* Im Internet unter: https://www.instagram.com/p/C-FYTVnCNuQ/ , zuletzt aufgerufen am 18. August 2024.

Süddeutsche Zeitung (2024). *Georgien: Parlament überstimmt Veto und beschließt umstrittenes Gesetz.* Im Internet unter: https://www.sueddeutsche.de/politik/georgien-gesetz-veto-1.7468500, zuletzt aufgerufen am 29. Mai 2024.

... An der Front

Askew, Joshua (2022). *Meet the motley crew of anarchists and anti-fascists fighting Russia in Ukraine.* Im Internet unter: https://www.euronews.com/my-europe/2022/06/09/meet-the-motley-crew-of-anarchists-and-anti-fascists-fighting-russia-in-ukraine, zuletzt aufgerufen am 29. Mai 2024.

Avtonom (2022). *Anarchist Sergey Petrovichev has died in Ukraine.* Im Internet unter: https://avtonom.org/en/news/anarchist-sergey-petrovichev-has-died-ukraine, zuletzt aufgerufen am 29. Mai 2024.

A2DAY (o.J.). *Igor Volkhov. Rest in Power*. In: Organise, 96, S. 22. Im Internet unter: https://files.libcom.org/files/2022-06/Organise96-Summer2022.pdf, zuletzt aufgerufen am 29. Mai 2024.

Black Square [@black_ploshad] (2024, 16. Januar). *Punk Musician Died Defending Ukraine*. Im Internet unter: https://www.instagram.com/black_ploshad/p/C2KenWvoM9V/?img_index=7, zuletzt aufgerufen am 29. Mai 2024.

DOXA (2023). *Voices from the front: Russian anarchist fights for Ukraine*. Im Internet unter: https://freedomnews.org.uk/2023/03/31/voices-from-the-front-russian-anarchist-fights-for-ukraine/, zuletzt aufgerufen am 29. Mai 2024.

Combat Organization of Anarcho-Communists (2024). *Our Comrade, Anarchist-Internationalist from Russia, Vladislav Iurchenko (»Pirate«), Became a Martyr Defending the Peoples of Ukraine*. Im Internet unter: https://telegra.ph/Our-Somrade-08-19, zuletzt aufgerufen am 26. August 2024.

Dudin, Vitaliy (2024). *Our Comrade Died at the Front*. In Memory of Yuriy Lebedev. Im Internet unter: https://commons.com.ua/en/pamyati-yuriya-lebedyeva/, zuletzt aufgerufen am 29. Mai 2024.

Gavroche, Julius (2023). *Remembering Cooper Andrews*. Im Internet unter: https://autonomies.org/2023/05/remembering-cooper-andrews/, zuletzt aufgerufen am 29. Mai 2024.

Güler, Cem-Odos (2023). *Russischer Anarchist verteidigt Ukraine: »Wir kämpfen gegen Putins Regime«*. Im Internet unter: https://taz.de/Russischer-Anarchist-verteidigt-Ukraine/!5918395/, zuletzt aufgerufen am 29. Mai 2024.

Hanrahan, Jake [@Jake_Hanrahan] (2022, 10. September). *The commander of Hoods Hoods Klan has been killed in combat whilst fighting Russian forces in east Ukraine...* Im Internet unter: https://twitter.com/YPTActual/status/1735058802343350406, zuletzt aufgerufen am 29. Mai 2024.

Hanrahan, Jake [@Jake_Hanrahan] (2023, 6. August). *An anti-fascist street fighter from #Belarus has been killed whilst battling the Russian invasion of #Ukraine alongside two other Belorussians ...* Im Internte unter: https://twitter.com/Jake_Hanrahan/status/1688231485608792064, zuletzt aufgerufen am 29. Mai 2024.

Janpalach [@janpalachdiy] (2024, 12. Februar). *Today is exactly one month since our friend and our bassist Vova passed away on the war. By a very strange and at the same time symbolic coincidence...* Im Internet unter: https://www.instagram.com/p/C3QzhGGtjGz/, zuletzt aufgerufen am 29. Mai 2024.

Комітет Спротиву [@rescomua] (2024, 4. Juli). *Поки ми чекали можливості розповісти про смерть Роми, загинув його друг, товариш по з політичної боротьби і бойовий побратим, анархіст...*, im Internet unter: https://www.instagram.com/rescomua/p/C9ACq6JMOoL/, zuletzt aufgerufen am 18. August 2024.

Комітет Спротиву [@rescomua] (2024, 2. Juli). *09 червня 24 року під час виконання бойового завдання загинув анархіст Роман Легар...* Im Internet unter: https://www.instagram.com/rescomua/p/C87r8MPs2yV/zuletzt aufgerufen am 18. August 2024.

Комітет Спротиву (2022). *Манифест Комитета Сопротивления*. Im Internet unter: https://medium.com/@rescom/%D0%BC%D0%B0%D0%BD%D0%B8%D1%84%D0%B5%D1%81%D1%82-%D0%BA%D0%BE%D0%BC%D0%B8%D1%82%D0%B5%D1%82%D0%B0-%D1%81%D0%BE%D0%BF%D1%80%D0%BE%D1%82%D0%B8%D0%B2%D0%BB%D0%B5%D0%BD%D0%B8%D1%8F-4127283d7fbc, zuletzt aufgerufen am 29. Mai 2024.

Leshiy, Ilya (2022). *Four Months in an Anti-Authoritarian Platoon in Ukraine*. Im Internet unter: https://libcom.org/article/four-months-anti-authoritarian-platoon-ukraine, zuletzt aufgerufen am 29. Mai 2024.

Leshy.info (o.J.) *Biography*. Im Internet unter: https://leshy.info/en/#bio, zuletzt aufgerufen am 30. Mai 2024.

Ludwig, Mike (2022). *War Is Forcing Ukrainian Leftists to Make Difficult Decisions About Violence.* Im Internet unter: https://truthout.org/articles/war-is-forcing-ukrainian-leftists-to-make-difficult-decisions-about-violence/, zuletzt aufgerufen am 29. Mai 2024.

Memorial (2024). *Последнее слово Азата Мифтахова в суде по делу об оправдании терроризма.* Im Internet unter: https://memopzk.org/news/poslednee-slovo-azata-miftahova-v-sude-po-delu-ob-opravdanii-terrorizma/, zuletzt aufgerufen am 29. Mai 2024.

Militant Wire (2022). *Ukrainian Anarchists Mobilize for Armed Defense, Draw Solidarity from Abroad as Russia Invades*. Im Internet unter: https://www.militantwire.com/p/ukrainian-anarchists-mobilize-for, zuletzt aufgerufen am 29. Mai 2024.

Organize! (2023). *Rest in Power Leshy. Memoria*. Im Internet unter: https://organisemagazine.org.uk/2023/04/27/rest-in-power-leshy-memoria/, zuletzt aufgerufen am 29. Mai 2024.

Pavlova, Anna (2023). *Nine lives of an anarchist. The story of Dmitry Petrov, an activist from Russia who fought for Ukraine and died in the battle of*

Bakhmut. Im Internet unter: https://en.zona.media/article/2023/07/07/petrov, zuletzt aufgerufen a 29. Mai 2024.

Pearce, Vanessa (2023). *Sam Newey: British volunteer killed in Ukraine a 'selfless warrior'*. Im Internet unter: https://www.bbc.com/news/uk-england-birmingham-66684944, zuletzt aufgerufen am 29. Mai 2024.

Pramen (2023). *Anarchists at the back of history?* Im Internet unter: https://pramen.io/en/2023/05/anarchists-at-the-back-of-history/, zuletzt aufgerufen am 29. Mai 2024.

Rautiainen, Antti (2024). *Dmitry Petrov – The Path of an Anarchist*. Im Internet unter: https://avtonom.org/en/author_columns/dmitriy-petrov-put-anarhista, zuletzt aufgerufen am 29. Mai 2024.

Solidarity Collectives (o.J.). *Manifesto*. Im Internet unter: https://www.solidaritycollectives.org/en/manifesto-en/, zuletzt aufgerufen am 29. Mai 2024.

Solidarity Collectives [@solidaritycollectives] (2022, 30. Dezember). *We have sad news. Anti-authoritarian activist Tisha, a feminist and anarchist from Kharkiv, died…* Im Internet unter: https://www.instagram.com/p/CmzTRQ2tgDx/, zuletzt aufgerufen am 29. Mai 2024.

Solidarity Collectives [@solidaritycollectives] (2023, 1. Juni). *One more extraordinary person has been taken from us by the war. With great sorrow, we inform you about the death of our comrade, left-wing journalist and popularizer of science Yevheniy Osiyevskyi. Zhenia died on 22 May near Bakhmut…* Im Internet unter: https://www.instagram.com/p/Cs80QmsN6l7/, zuletzt aufgerufen am 29. Mai 2024.

The Insider (2022). *Denazification done right: How Russian anti-fascists and anarchists are battling Putin's invasion*. Im Internet unter: https://theins.ru/en/politics/251492, zuletzt aufgerufen am 29. Mai 2024.

The media committee of the platoon (o.J.). *Anti-authoritarian Platoon of Ukraine: Are We Anarchists and What We Do*. Im Internet unter: https://mtlcounterinfo.org/anti-authoritarian-platoon-of-ukraine-are-we-anarchists-and-what-we-do/, zuletzt aufgerufen am 29. Mai 2024.

Danksagung

Ich möchte zunächst Dima danken. Ohne deine Initiative, deine Hilfe, Motivation und Hinweise wäre dieses Buch in dieser Form vermutlich nicht zustande gekommen! Ich danke außerdem dem Unrast-Verlagskollektiv und vor allem meinem Lektor Jan für das Vertrauen und den Glauben an das Buch. Die Vorfreude und die Unterstützung meiner Freund*innen und meiner Familie haben mich durch diesen Prozess gebracht. Pascale, deine Bereitschaft, sowohl zuerst meine Masterarbeit und schließlich auch dieses Buch zu lesen und mir mit wertvollen Kommentaren weiterzuhelfen, vergesse ich nicht! Und Luis. Danke, dass du mich liebst und unterstützt und nicht müde geworden bist, mir zu sagen, dass ich dieses Buch schreiben kann.

Mein größter Dank gilt aber natürlich all meinen Interviewpartner*innen. Danke, dass ihr mir vertraut habt und bereit wart, auf meine Fragen zu antworten und mir eure Geschichten zu erzählen. Dieses Buch ist für euch. Freiheit entsteht als kämpfende Bewegung!